图书在版编目（CIP）数据

行走纸上长城 / 苏叔阳著. -- 北京：天天出版社, 2024.1（2024.7重印）
ISBN 978-7-5016-2197-2

Ⅰ.①行… Ⅱ.①苏… Ⅲ.①中国—概况 Ⅳ.①K92

中国国家版本馆CIP数据核字(2023)第234935号

责任编辑：马晓冉	美术编辑：林 蓓
责任印制：康远超 张 璞	

出版发行：天天出版社有限责任公司
地　址：北京市东城区东中街42号　　邮编：100027
市场部：010-64169902　　　　　　　传真：010-64169902
网　址：http://www.tiantianpublishing.com
邮　箱：tiantiancbs@163.com

印刷：三河市春园印刷有限公司　　经销：全国新华书店等
开本：710×1000　1/16　　　　　　印张：8
版次：2024年1月北京第1版　　印次：2024年7月第7次印刷
字数：59千字

书号：978-7-5016-2197-2　　　　　　定价：32.00元

版权所有·侵权必究
如有印装质量问题，请与本社市场部联系调换。

  我曾经年轻的生命正一天天走向衰老,而我古老的民族却一天天愈加美丽又年轻;我少年时的梦常常堆满惶惑和惆怅,而我的共和国之梦总是色彩斑斓又温存多情;年轻时总想生命的意义是了解世界,现在才知道了解世界的意义在于为我的民族奉献一生;小时候读一点点书就觉得聪明,现在知道了花费一生也难以说清中华民族优秀的文明;我曾经迷惑于我们民族的"劣根性",如今知道了民众是我们维护中华文明的真正的英雄;我必须热爱我们民族悠久的文明,因为我是中国人,只能有颗中国心一个中国的魂灵;感谢母亲生我在这片大地、这个民族,感谢祖国赐我这支笔写出我热爱中国的心情;我相信中华文明永不会衰老,因为她就是我们的太阳,每天都会升起,照亮新的征程。

苏叔阳

2015年2月16日星期一
南水已进京,新春又来临

目录

引　子 …………………………………………… 1

第一章　古老而又现代的文字 ……………… 5

一　方块汉字的发展史 ……………………… 9
二　汉字的优点和历史功绩 ………………… 13
三　汉字的前途 ……………………………… 23

第二章　传统的宇宙观、伦理与道德 ……… 27

一　传统的宇宙观 …………………………… 31
二　关于理想社会的学说 …………………… 41
三　传统的伦理和道德价值观 ……………… 50

第三章 古老独特的生活方式 …………… 59

一 中国人生活方式的核心——家庭 …………… 62

二 独特的饮食与保健文化 …………… 68

三 生活方式的内涵与情趣 …………… 75

第四章 传统的经济文化及其影响 …………… 91

一 漫长的商品经济传统 …………… 95

二 中国传统的经济文化 …………… 105

三 中国经济文化的影响 …………… 114

后 记 …………… 118

引子

公元1298年，44岁的威尼斯富商马可·波罗（Marco Polo，公元1254~1324年）因参加威尼斯和其商业劲敌热那亚的战争，兵败被俘，被囚禁在热那亚的监狱里。在忧烦苦闷中，他向同狱的监友，一个会用当时流行的法语写文章的人卢斯第谦诺（Rusticiano），口授他年轻时的峥嵘岁月和不凡经历，以及多姿多彩的见闻。卢斯第谦诺的记录便是日后的传世之作《东方见闻录》，也译为更加知名的《马可·波罗行纪》。

据书中记载，威尼斯富商尼古拉·波罗，他的弟弟玛窦·波罗和他的儿子马可·波罗，从故乡长途跋涉，走了整整4年才在公元1275年春天来到大元帝国的大都（北京），受到皇帝元世祖忽必烈的接见。这些从遥远的国度来觐见自己的商人，让雄才大略的蒙古族中国皇帝格外高兴，特别是那个有一双活泼的蓝眼睛和宽额头的年轻人分外招他喜欢。于是，忽必烈任命这三位外商以客卿身份在元朝供职。马可·波罗不辱使命，很快学会了蒙古语和汉语，除了在大都应差，还经常奉命到外地巡视，甚至出使国外，还曾任扬州总管，在东南各地住了3年。扬州是当时的大都会、水陆码头，那繁盛的生活景象给他留下了不可磨灭的印象。不管世人怎样臧否马可·波罗，如今热情的扬州人在天宁寺里为他立碑。据说马可·波罗在中国生活了17年，于1292年奉命由海路护送元朝阔阔真公主远嫁伊尔汗可汗（即阿鲁浑，旭烈兀的继承者）才得以辗转西归。3年后（公元1295年）回到威尼斯，41岁的马可·波罗凭借由中国带回的金银财宝成了威尼斯尽人皆知的富豪。又过了3年，马可·波罗在监狱中口吐莲花，让狱友记录，写成这部旷世奇书。

这部监狱里诞生的书一问世，就不胫而走，几个月里就传遍意大利，很快被翻译成各种文字，相信和怀疑的论说风起云涌，形成了一门"东学"，引起欧洲人对东方特别是中国持久不衰的兴趣。哥伦布读了此书，带着西班牙国王致中国皇帝的国书于1492年率船乘风破浪驶向中国和印度，却无意中踏上了美洲的土地。这位倔强的航海家，至死也不相信上帝会给他这样的嘲弄，直到生命的最后一刻他还坚信他踏上了印度的大地，他登陆的岛屿是日本而不是古巴。可怜的哥伦布是被马可·波罗误导了还是过于相信自己的航海经验，犯下了时代的错误，这只好在天堂里争论，假如真有天堂的话。

怀疑马可·波罗的声音一直延续到今天。说他从未到过中国，他说的一切都是道听途说，都是想象，甚至是别有用心的计谋和谎言。我想说的是，无论他是否到过中国，无论他的这部《行纪》所言的真伪，又无论历史和今天因他和他的书所引发的争论结果如何，我认为都是时代潮流的产物和反响。潮起潮落自有深厚的背景。假如没有西方航海时代的潮流，身处黑牢的马可·波罗不会"回忆"或者编造自己的《行纪》，也不会有"东学"的产生。同理，没有今天中国和平崛起迅疾的脚步声，也不会又一次出现关于《马可·波罗行纪》内容的真伪和"新东学"再热闹的波浪。这两次的热闹，都是时代潮流的反映。准乎此，马可·波罗其人其书，都具备深入研讨的资格，值得仰视。甚至可以说：只要中国永远走在大路上，其人其书，就有备查备用的意义。

今天，世界因中国的问候和一天天的进步而增添了了解她的兴趣，中国是一个怎样的国家，她有过怎样的过去，走过怎样漫长的道路，她悠久的文明都是些什么？亲爱的读者朋友，这些问题在您读过了本书之后，就会得出自己的答案。阅读本书，就是您走进中国，走进一个新的世界的一次发现之旅。

第一章 古老而又现代的文字

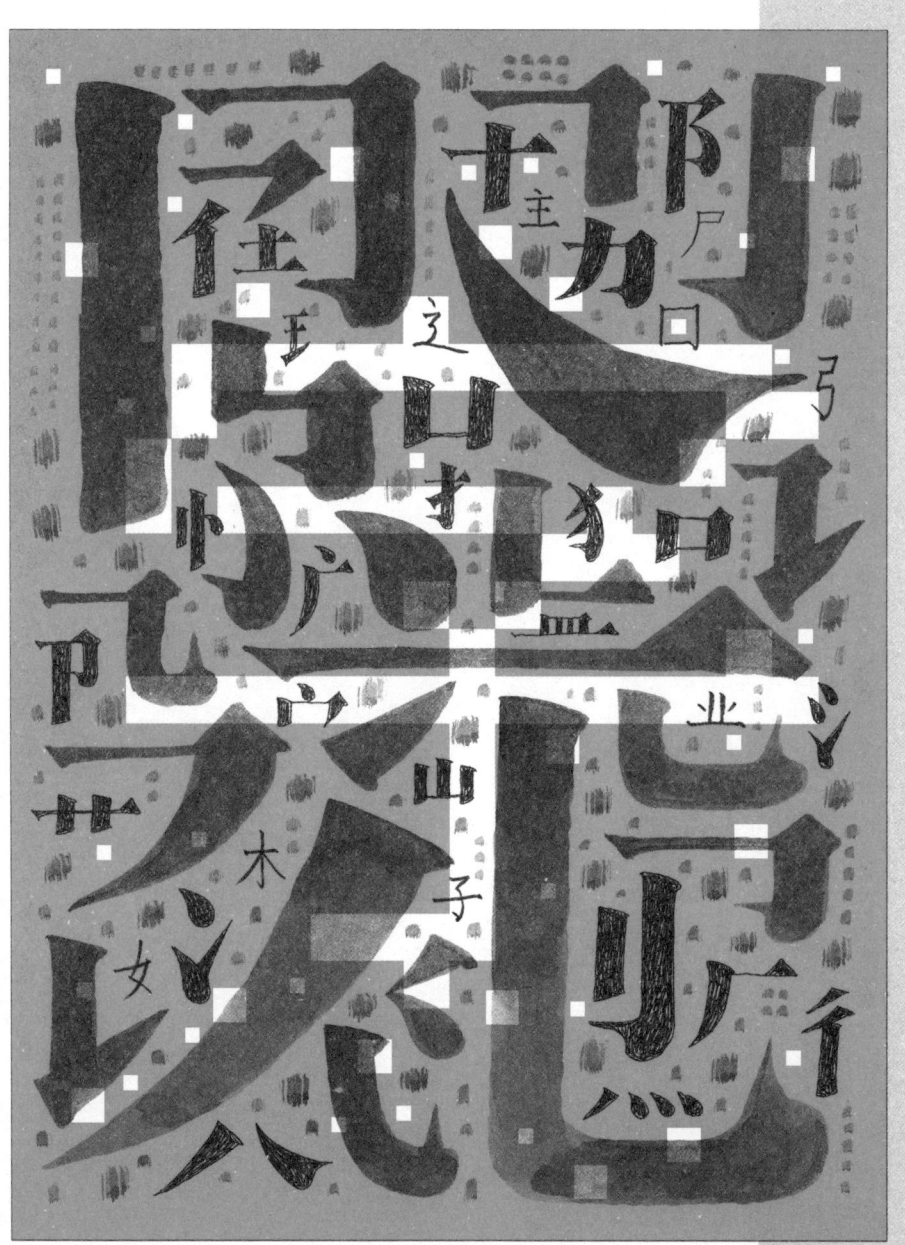

第一章　古老而又现代的文字

人类什么时候有了语言，这是一个难解之谜。但是当人类逐渐用日益丰富的语言来表达自己的意愿时，当第一声真正的人类语言打破嘈杂纷乱的寂寞时，那是多么庄严伟大的时刻！语言让人类同动物区别开来，那发出第一声人之语言的先祖令我们永久地追思。

文字的诞生又是一次伟大的飞跃。有了文字，人类便可以为宇宙间的一切命名，阐释它的内涵，赋予它意义，把人类流通变化的思想感情固定凝集于文字，传之久远；使人类有了准确的历史记忆，使思想、文化打破时空的限制。有了文字，人类之间才可以准确地沟通、理解。文字的历史是一个民族文化史的纪念碑。

中国所使用的方块汉字是世界上独一无二的文字。它产生的历史和在实践中的作用，是个专门的学问，应当好好研究。

人类的文字大体都走过从象形到拼音的道路。只有中国的汉字，停止在拼音化的门口，再也不肯向前。是中国人的先祖愚笨还是过于执拗？传说中创造了文字的仓颉为

 **行走纸上长城**

什么不在拼音化上想些办法？后世的学者又为什么做过许多汉字拼音化的努力而又一次次失败，让方块汉字从古至今一直保留下来？这些都是饶有兴味的问题。

一　方块汉字的发展史

中国在1899年重新发现了甲骨文。甲骨文是距今将近4000年前殷商时的文字,是有相当完备体系的汉字。现在发现的甲骨文单字约4000余个,其中已释读出的约2000个,在字形构造方面已具备象形、会意、指事、形声等造字方法;词类已具备名词、代名词、动词、形容词、数词等;其句子形式、结构序位等已与后世相一致。它记录的"往来无灾""今日无雨""今日大风"等已经与后日的汉语乃至与现代的书面语言相同了。这就证明,在甲骨文之前汉字必定走过了很长的历史发展路程。关于黄帝的史官仓颉造字的传说,仓颉(如果真有其人)很可能是将

 行走纸上长城

各地各人创造的文字加以集中整理的第一人。1987年在河南省舞阳贾湖出土的距今约8000多年的契刻符号，证实了这一设想，中国的汉字可能早在距今8000年以前就已在形成中。

汉字是用象形、指事、会意、假借、转注、形声六种方法造成的。这六种方法称之为"六书"。懂得并且记住了"六书"就懂得了汉字的微妙之处。

象形：就是按照实物的形体画出笔画，成为字。如日为"☉"或"⊖"字，月为"☽"或"♪"字。

指事：是用一个指事符号加在象形字上形成的，这种符号通常是"•"或"—"，如"刃"。指事字在汉字中最少。据说，指事字在《说文解字》（中国最古老最权威的文字学专著）里只有129字。

会意：是合并几个意义上有关联的字，显示出新组成的字的意义。如："信"字是"人""言"的组合。人说话就有信用，这对那些专门说谎话的人，真是一种讽刺。所以中国的方块汉字还含有道德价值的内涵。

第一章　古老而又现代的文字

假借：汉语语言中有这样一种情况，语言中这样说，可文字中却没有这个字，于是就用一个现成的、读音相同或相近的字来代替，而这个字与要表达的词的本义并无关联，即"本无其字，依声托事"。如："求"字，小篆写作"求"，是象形字，本义是皮衣。由于声音相同，便假借为"请求""要求""追求"之"求"，一直使用至今。而它的本义人们逐渐忘记，不得不以另造的"裘"字来表示。

转注：转注与假借相同，都是用字法，不产生新字。清代学者戴震、段玉裁认为转注就是互训，即意义上相同或相近的字互引解释。比如"考""老"，《说文》"考"字下说"老也"，"老"字下说"考也"，就是互训的例子。

形声：就是用表示事物类别的字作为形符，和一个同事物名称声音相同或相近的字作为声符，组合成一个字。例如："江""河"就是取"水"（"氵"）做形符，以"工""可"做声符组成的。这类字很多，如：铜、烤、领、箭、煮、闻、园、岛、房等。

汉字经历了甲骨文、金文、战国文字、秦篆的古代汉

 行走纸上长城

字时期和流传至今的隶书、楷书、草书、行书的现代汉字时期。金文是刻在青铜器之上的文字,大篆、小篆是春秋战国时的文字。那时秦、齐、楚、燕、韩、赵、魏七国的文字各有差别,统称为战国文字。至秦统一中国,便将秦相李斯整理的小篆列为标准字体,这便是"书同文"。后来出现隶书,又发展出楷书,成为方块汉字的标准体,流传至今。至于行草二体,则是为了书写便利和作为书法艺术而流行的,是楷书的补充。汉字在造字法、书体、结构、数量、音义上都经历了增繁或趋简的过程。

　　汉字发展到今天,其记录传达汉语的精确有效和学习使用的方便省力程度都达到历史的最高水平。中华民族一直在追求一种理想完美的文字,汉字便是这种智慧的结晶。

二　汉字的优点和历史功绩

世界公认的三大古文字：一是美索不达米亚平原上的苏美尔人创造的楔形文字，约产生在公元前3000多年；一是古埃及的圣书字，约在公元前3000年前已经很成熟了；再一个便是方块汉字。

这三种文字，只有汉字越过了漫长的岁月，其他两种文字都湮没在历史的尘埃中，没有人使用，也很少有人懂得了。为什么在中外文化的撞击中，经历了各种流变，汉字却始终保持了表意字的本质形态呢？它亘久不绝的强盛的生命力源自哪里？人类几种主要文字中，汉字是唯一在现代最活跃的古老文字，它的历史功绩是绝对不能

 行走纸上长城

抹杀的。

第一，汉字是人类目前唯一超越时代、超越方言的文字。

拼音文字是如今世界语言文字舞台上的主角。据说现在世界上有5651种不同的语言或方言，被确立为独立语言的有2790种，其中70%还没有相应的文字。目前使用人口超过6000万人的大语种共13个，其中一半以上使用的是拼音文字，因此拼音文字的众多便是自然而然的事情。以欧洲的语言文字为例，古罗马帝国解体以后，古拉丁语渐次衰亡，欧洲各地的人纷纷用拉丁字母拼读自己的方言。于是逐步形成了意大利语、法语、西班牙语、葡萄牙语、罗马尼亚语等。拉丁语不同方言分化成独立的语言，欧洲也变为40多个国家。今天，不懂英文的西班牙人很难在英国生活，而他们的祖先都曾经使用拉丁语。一位不懂古代拉丁文的英国人倘不借助翻译便读不懂《俄狄浦斯》或《荷马史诗》，而这正是用他的祖先使用的文字写成的。不仅如此，用500年前的英文写成的书，现代的英国人只

第一章　古老而又现代的文字

有专家能读懂，而一个中国初中生就可以基本读懂500年前用汉字写的小说。《三国演义》《水浒传》《西游记》这些名著能做到妇孺皆知、耳熟能详，便因为大家都读得明白。一个中国高中生，借助工具书，就可以粗略读懂2000多年前用汉字写的书，如《史记》等。因为汉字音与形的联系没有拼音文字那样密切，悠久的岁月虽然让古今读音变化，而字形字义却相对稳定，一个现代人可以凭借汉字与古代的先贤对话。汉字这种超时空的特长，将古今信息融集于文字，成为传播中华文化的重要手段。

尽管中国有不同民族的语言，单是汉语的方言，大的就有7种之多，然而中国人凭借着汉字，便可越过语言的阻碍而交流。一个广东人只要识字便可在哈尔滨通行无阻；一个不懂粤语的北京人，只要粗通汉字也可在香港、广州愉快生活，中国能保持一个多民族统一的国家，汉字有不可估量的作用。

汉字，是中华民族修建的文化上的"万里长城"。

第二，汉字是信息量最大的文字。

 行走纸上长城

随着大量形声字的出现，汉字实际成为义音兼表的语素音节文字。这一特性使得每一个汉字都仿佛是一个集成信息块。汉字具有形、音、义三个要素，每个汉字都是形音义紧密结合的统一体。

形声字的字形结构中都有义符和声符的偏旁来提示字义和字声，让即使是不识此字的人也能获得字义、字音两方面的信息。所谓"秀才识字念半边"，虽不中不远矣，就是这意思。譬如："湖"，就有"氵"字旁提示此物与水有关，而"胡"则提示此字的读音。即使粗识汉字者也不会把它想为茶壶或胡子（鬍子），更不会读成"河"；"燃"字也有"火"旁说明它的字义，而"然"则提示它的读音，于是人们明白了"燃"是"烧"的意思。而在拼音文字里，从字形上是找不到这种信息的。

汉字的信息量大，还因为它是中国历史文化组成的一部分。大多数汉字发展变化的历史，几乎都凝集着汉民族对一事物认识的流变。汉字中几乎将所有木本植物的名字都加了一个"木"字边；草本植物又加一个"艹"字头。

第一章　古老而又现代的文字

这说明了先人对植物分类学的认识和水平。

所以，用汉字做书面语言要比用其他语言简单得多。有人做过调查，联合国每个决议案的六种文本（汉语、英语、法语、俄语、阿拉伯语、西班牙语），中文本最薄。学习汉字就等于掌握大量古今的文史信息。一个汉字就是一颗文史的活化石。人类的文字只有汉字才可能如此。

第三，汉字有极强的衍生能力和构词能力。

据统计，汉语普通话只有约400个音节，区别声调也只有1300多个，大大少于有1万多个音节的英语。但是汉语的语素极为丰富而且基本上是单音节，于是有了大量的同音语素。为了区别同音语素或表达同音不同义的语素，就得大量造字。于是用六书为不同语素造出不同形体的文字。汉字笔画偏旁多，组合形式多，保证了绝大多数汉字都是一字一个语素。于是汉字从古至今，书面语记录语言的准确性就达到了极高的境界，也使得汉字为数众多。唯其多，才能准确而又妙趣无穷地传达出中国悠久的历史文化。

 行走纸上长城

原来汉字中多单音词，后来渐次演变出复音词。于今，复音词已成现代汉语中的主体。汉字以联合（如优良、波浪）、偏正（如电车、象牙）、动宾（如散步、举重）等多种形式组合成复音词，以适应表达的需要。汉语这种极强的造词能力使它具有极强的生命力。

第四，字形区别性强，便于阅读记忆。

汉字的基本笔画只有八种，但笔画的变体与组合可以千计，而上千的独体字亦可以彼此组合成以万计的合体字，并绝无重复。这种区别性强的特点就形成了易辨认易阅读的优势。有学者做过调查，在现代高速公路上，人在以时速80公里行驶的车辆中，可以瞬间认清路边标志牌上的汉字，而下面的罗马数字则难以认清。日本学者指出识别一个汉字的时间为千分之一秒以下。

信息量大、阅读快的汉字，在同一时间里所获得的信息显然要超过拼音文字。在现代科学研究中，有30%~40%的时间用在阅读文献上，因此汉字的优势肯定会受到重视。

第一章　古老而又现代的文字

方块汉字颇似图形，显然比纯粹的符号容易记忆，何况许多汉字无论偏旁还是整体都给人以丰富的联想。如：孕、岩、跳等。这种容易记忆的优势是拼音文字无法比拟的。

第五，汉字是"复脑文字"，有利于右脑开发。

根据神经心理学家的研究，人脑处理拼音文字时，主要使用语音编码，而处理汉字信息时，除了语音编码外，还要使用图形编码。语音编码主要使用左脑，先经过语音处理再了解意义；而图形编码是不经语音处理直接了解字义。这种处理方式主要通过人的右脑神经通路。汉字既表意又表音，因此处理汉字信息要左右脑兼用。据说汉字书法与右脑关系更密切。因此，学者称汉字为"复脑文字"，利于人的左右脑平衡。

第六，汉字书法是世上独一无二的艺术。

在汉字的使用过程中，逐渐发展出一种独特的线条艺术，这便是汉字的书法。汉字的书写、印刷可横、可直、可左起、可右始，序列灵活，方便自由，讲求布局。这些

 行走纸上长城

优势是拼音文字所难以企及的。

中国的书法艺术,古代主要是或刻或写在兽骨、铜器、竹木、丝帛之上,纸张广泛使用后,书法在毛笔、宣纸、水墨三者的关系上,从实践中创造出各种技法,达于不同的艺术境界。自古至今,无数的书法大师成就了难以胜数的书法杰作。甲骨文、金文且不去说,自汉魏以来,有晋代的王羲之,唐代的颜真卿、柳公权、欧阳询、虞世南、褚遂良、张旭、怀素等。隋唐以后,又有宋代的苏轼、黄庭坚、米芾、蔡襄,元代的赵孟頫,明代的董其昌等群星璀璨。

中国书法有四个基本要素,即形势、骨力、气韵、神采。

形势者,观其整体布局,字形结构,运笔态势是否富于个性与美感。"文人字"则于篇幅中表现其书卷气与大家气。

骨力者,指其笔画线条之内在力量感。倘笔画花哨而绵若无骨,细如游丝,则为下品。书法崇尚骨气,这与传

第一章 古老而又现代的文字

统哲学中文人重风骨气节有关，这是评价书法作品的重要标准。

所谓气韵，是指字、行、篇之间的联系、呼应、节奏与韵律感。字断义不断，行有距而气脉一以贯之，有起伏、跌宕，节奏感强，这是不易达到的艺术佳境。

神采之谓是说综合上述三点，整幅作品所宣泄出的风采。

书法之美还在于书者整体素养综合能力要强与深，心态端正，有达意之思而无哗众之心，不阿贵不媚俗，对汉字抱有一种崇敬心，技法自然也要高超。这并不是很容易做到的。

中国书法与哲学、道德观相契合，崇尚自然、朴拙、刚健。这种艺术是中国知识分子内心素养与精神境界极好的表现。所以，书之为道，已经脱离了单纯的技法而成为锤炼品德的艺术劳动了。

汉字自然也有缺点，如字数毕竟太多，即使只学习《现代汉语常用字表》里常用字2500个，次常用字1000个，

 行走纸上长城

也是不小的数目；汉字字形结构复杂，给初学者带来困难；字音难读，即使90%是形声字，也还有10%左右的象形、指事、会意、转注、假借字不易读出字音。加上一字多音，就更加大了读音的难度；字义比较复杂，由于汉字历史长，古今表意有所变化，因此，有的字一字多义。

但是上述四个缺点，大多与优点共生。如果没有字形复杂的毛病，也就没有了汉字衍生能力强的优势；没有汉字偏旁表音不全的缺点，也就没有了汉字超古今越方言的优点；何况汉字还在发展变化之中，它的无比的优势肯定会在渐渐缩小的缺点之上继续发展，它的前途是无可限量的。

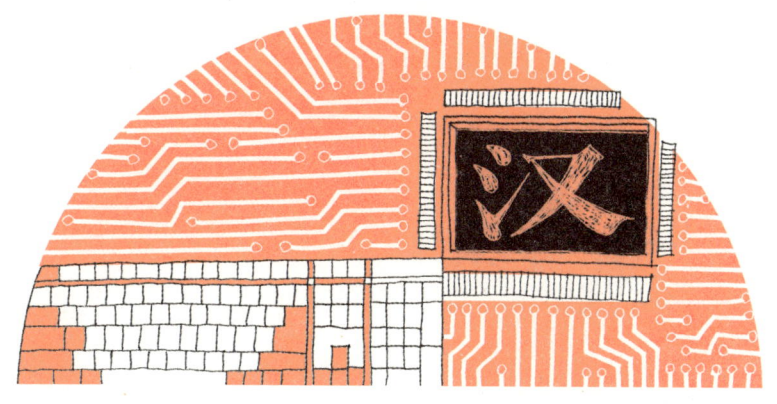

三　汉字的前途

汉字曾有过上下起伏的命运，几千年来，作为发达的中华文明的重要载体，汉字汉语一直颇受尊崇，重文重教的百姓对"敬惜字纸"几乎有宗教式的虔诚。百多年来，印欧文字传入中国，于是有汉字与拼音文字之比较研究。近代，中国之所以教育不昌、科学落伍、国力日衰、耻辱不断，其病根之一在于方块汉字之说甚嚣尘上，汉字的难写难认成了中国落伍的祸根。于是有人断言汉字为落伍文字，迟早会被拼音文字所替代。电脑的出现似乎更证实了这一论断，方块汉字似乎正面临着一场灭顶之灾。

20世纪还未结束，忽然柳暗花明，电脑汉字信息处理

行走纸上长城

技术的重大突破使汉字由落伍、垂死,一变而为"21世纪人类最科学的文字"。是耶,非耶?!

汉字比其他文字易阅读值高,已经举世公认。近年在北京与美国芝加哥市一、三、五年级小学生中进行的阅读调查中,已经发现了中国儿童学习汉字,阅读水平高于同年龄美国儿童学英文、阅读英文水平的总趋势。中国儿童学习语文的过程大致是先难后易,而美国儿童学英语大致是先易后难。这种跨文化的调查,反映了汉字易阅读值高的优势。这种文字当然适合信息社会所要求的基本素质。它稳定的系统性、超越历史的特点,又适合长久地保存历史文化。它极强的衍生能力,适应了科技的发展。

有科学家指出:第一,汉字是单音节语言,比拼音文字更具保真能力,所以汉字语音信号可以迅速进行频谱分析与处理;第二,汉字单体书写,千姿百态,有利于技术上模拟形象鉴别;第三,汉字的结合逻辑与现代科学的逻辑几乎相同,在组字、表达科技思想上具有无限的表现能力;第四,只有约400个音节的汉语显然比有1万个音节

第一章　古老而又现代的文字

的英语更适合与声控电脑联络。

科学无论怎样进步，出现什么新的语素、事物，汉字都可以表现。比如，居里夫人发现的元素，就被汉字准确地表示为"镭"。汉字的信息量大、超越方言的优势是无可替代的，什么文字也无法像方块汉字那样表达汉语。正因为用拼音表现方言才出现了多种多样的文字，因此用拼音文字代替汉字，企图用统一的拼音取代方言，自然是行不通的。

 **行走纸上长城**

方块汉字是中华民族的骄傲,是汉字圈的文化特性之一。它对加强中外联系,加强中华儿女的团结,有不可替代的作用。如今,不仅汉字文化圈而且其他语系的人民在科技、经济的发展中看到汉字的优势,掀起一股"汉语热"。对汉字的再认识势必会成为一种热潮。

现在,来读两句描写风景的联语,这是以汉字的组合写成的。读过之后,你就能体会到汉字之奥妙了:

白水"泉"边女子"好",少女更"妙",

山石"岩"下古木"枯",此木为"柴"。

第二章

传统的宇宙观、伦理与道德

第二章　传统的宇宙观、伦理与道德

德国哲学家、历史学家卡尔·西奥多·雅斯贝尔斯（Karl Theodor Jaspers，1883年2月23日~1969年2月26日），在他1949年出版的《历史的起源与目标》一书中说，公元前800年至公元前200年之间，尤其是公元前600年至公元前300年年间，是人类文明的"轴心时代"。"轴心时代"发生的地区大概是在北纬30度上下，就是北纬25度至35度区间。这段时期是人类文明精神的重大突破时期。在轴心时代里，各个文明都出现了伟大的精神导师——古希腊有苏格拉底、柏拉图、亚里士多德，以色列有犹太教的先知们，古印度有释迦牟尼，中国有孔子、老子……他们提出的思想原则塑造了不同的文化传统，也一直影响着人类的生活。而且更重要的是，虽然中国、印度、中东和希腊之间有千山万水的阻隔，但它们在轴心时代的文明却有很多相通的地方。在那个时代，古希腊、以色列、中国和印度的古代文明都发生了"终极关怀的觉醒"。换句话说，这几个地方的人们开始用理智的方法、道德的方式来面对这个世界，同时也产生了宗教。它们是对原始文化的

行走纸上长城

超越和突破。而超越和突破的不同类型决定了今天西方、印度、中国、伊斯兰不同的文化形态。那些没有实现超越突破的古文明，如巴比伦文化、埃及文化，虽规模宏大，但都难以摆脱灭绝的命运，成为文化的化石。而这些轴心时代所产生的文化一直延续到今天。每当人类社会面临危机或新的飞跃的时候，我们总是回过头去，看看轴心时代的先哲们是怎么说的。雅斯贝尔斯的这个论断，现在已经成为世界哲学、历史学界的共识。他所说的"文明轴心时代"的时间正好是中国的春秋战国时代（公元前770年~公元前221年）。那时产生的中国优秀的传统文明，不但是中华民族也是人类文明的伟大的一部分。她像一盏永不熄灭的明灯，不但照亮了中国漫长的历史岁月，也会照亮现在和无尽的未来，她对人类终极理想的自觉也是中华民族美好的梦想。

一　传统的宇宙观

　　"世界"这个词语或概念来自佛学。古代的中国更多用"宇宙"来表达无穷无尽的天地时空与万物。

　　宇宙是什么？人和宇宙的关系应当是什么样子的？这是中国古代哲学中最基本的范畴。从西周的周公姬旦直到近代的章太炎，几乎所有的重要思想家都把研究"天"和"人"的关系摆在极高的位置。

宇宙观

　　"盘古开天辟地""女娲氏补天"只是神话。宇宙究竟

行走纸上长城

是什么样子，必须给予哲学的回答。古老的答案从来都认为宇宙是某种超自然的力量——神的意志的产物，又受神的主宰。第一个从自然界本身来解释宇宙而不求助超自然主宰的意志的哲学家，在中国是春秋时代的思想家老子。

老子姓李名耳，字伯阳，陈国苦县（今河南鹿邑东）人，生卒年已不可考，约生活在公元前571年至公元前471年之间，只知道他做过周朝的"守藏室之史"，相当于今日国家图书馆馆长，必定看了许多通常别人看不到的典籍和文物，有别人不可企及的知识素养，熟知兴亡衰替的沿革，谙掌故，悉礼制，所以才配称作"老子"。中国的汉语里，"老"字含义颇广，有尊崇、长幼顺序等意蕴。在兄弟姐妹的顺序中，又常以"伯（孟）、仲、叔、季"四个字镶嵌在名字之中以表示他或她在兄弟姐妹中属于第几位。比如，古人伯夷便是大哥，叔齐就是老三；老子名李耳字伯阳，是老大哥。孔子名仲尼，是二弟，他一定有位大哥。大画家唐寅又名唐伯虎，因为他生在寅年，那年是虎年他又排行大哥，因而称作伯虎。这习俗延续至今。

第二章　传统的宇宙观、伦理与道德

而"子"是古代对杰出男性的尊称。中国古代诸子，皆以姓氏列在"子"前，如孔子、孟子、庄子、墨子等，唯有老子不称李子，而称"老子"，是极表尊敬之意，视他为中国哲学之第一人，或中国哲学之父。

老子长于孔子约20岁。孔子曾经求教于老子，老子赠言给孔子，要他谦虚谨慎，勿骄勿躁，老子很有点师长的样子。老子的道学后辈同孔子的儒学后生在治国之道上曾发生激烈的论争，但老、孔之间还有挺不错的私人关系，彼此尊重。后来，周王室发生争夺王位的内战，老子避祸隐居，西行秦国。那年他路经函谷关，关令尹喜强留软扣非要老子写点留言不可，老子遂写了《老子》一书（后世又称其为《道德经》）。据说，老子写完这本书，带了一点尹喜送的干粮、瘦肉之类的礼品，骑上青牛，飘然出关而去，从此不知所终。

1. 老子的"道法自然"

老子说，"道"是天地万物的本原，无始无终，"道即自然，自然即道"。"道"这东西，自身就存在，无恃于其他事物的意愿与主宰。所以道是无限的，无处不在，无处不有，道的运行是自由的、必然的，完全由自身的规律所决定。道生万物，宇宙间的一切都来自"道"。"道"是宇宙的母亲、父亲。

老子认为，宇宙是一个大环，环中充满着运动的气。大至不可量数的星系，小至最小最小的粒子，山河大地，草木禽兽，都是环中气化之物，也就是说，自然界的一切都是自然界本身的产物，无天帝，无神祇，无超自然的力，无"道"外之物。这种天道自然观产生于2500多年前，先贤睿智的光芒穿越时空，不能不使后人肃然起敬。

按照这种看法，人类也是自然界的产物，是自然界的一部分。这正与《易经》内容相合，即"有天地，然后有万物；有万物，然后有男女；有男女，然后有夫妇"。

老子借"道法自然"说出一个平常而又深刻的道理，即宇宙中万事万物，包括社会与人，都有"自然"这种本性。只要"圣人"即理想化的统治者"守道"，那么臣民

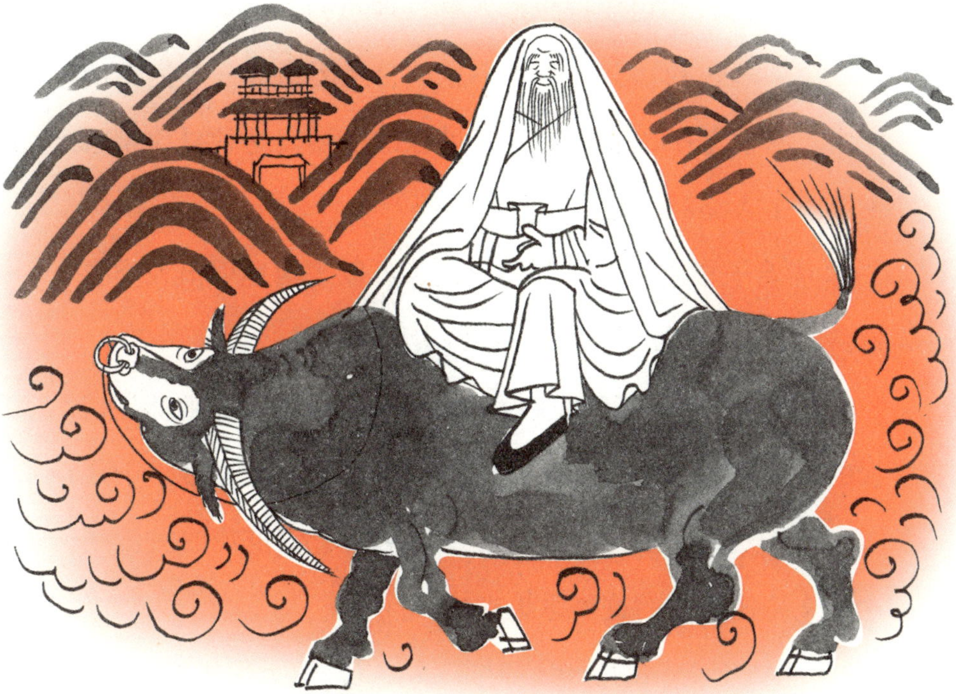

就会按照"自然"本性化育自己,并按照"自然"本性安于臣服的地位,这便是老子的"道法自然"在现实层面上的显示。

理想的人,组成理想的人群;理想的人群又组成理想的社会;理想的社会同生生不息的自然界组成一个完整的宇宙。这便是中国先贤对美好世界的描述。这种描述难道不是整个人类对美好世界的概括吗?

从老子"道法自然"的学说,可以逻辑地引出人类要遵从自然的法则,不能总向自然索取的观点。

因此,一切破坏、违背自然规律的言行、准则都是错误的,都将给人类社会及自身带来不可估量的灾难。于是"顺天应人"的思想成为中国传统文化中宇宙观的主流观念和文化建构中的重要思想支柱。

"天人合一"的思想同时也有浓重的敬天保民的意识。中国文化中早就有重人事的思想,把人看成与天相齐,是天的一部分,而不是天的奴仆。中国先民重要的思想家,如老子、孔子、庄子、墨子等都不承认有至高无上的"上

第二章　传统的宇宙观、伦理与道德

帝",这种重视人的思想是中国传统文化中的精华部分。不过,中国文化中所说的"人"更多的是指人的群体,即"民"。中国文化中多"民本主义"而少"人本主义"(并不是没有人本主义,儒家讲"修身、齐家、治国、平天下"就是把个人的修养摆在第一位的)。因此,吸收西方近代文化中的"人本主义"、个性解放、重视个人的人权等思想,也是丰富发展中国文化的重要课题。

2. 庄子的人与自然和谐

既然天人相谐,人群就应当顺应天时,不破坏自然界的规律。早在周代,人们就提出,"春三月,山林不登斧斤,以成草木之长;夏三月,川泽不入网罟,以成鱼鳖之长",不能对自然界大肆破坏。庄子甚至幻想一个人与鸟兽虫鱼、人与草木山川相谐共处,一起嬉戏,共存共荣的美妍无比的社会。他那上下纵横、飞扬恣肆的文笔与想象力激起了多少后辈的遐思与憧憬。今天,当人们为因不择手段的"发展"而遭破坏的生存环境悲哀的时候,当因

行走纸上长城

认识到自然界正在无情地惩罚人类的以怨报德而悔恨的时候,当为再也无法使那些因物质文明的进步而成种群成类别消失的动植物复苏而伤痛不已的时候,人们或许从高天的长风里听到遥远的2000多年前中国先贤发出的智慧的呼声。他们早就指出了后世的悲剧,他们早就在神采飞扬地向人们宣示:自然界与人类生存在一个共有的大家庭里。

当然,老庄的学说不能与今日的"环保学说"作等量观,但"道法自然"即"道法道"的思想是超越性智慧的学说,是无可否认的。

老庄的学说,一方面表现了中华先贤对美好社会的理想,另一方面也显示了中国先人在人与自然之关系的研究上达到了极高的境界。

当然,从理论的层面来看,中国先贤的宇宙观还有不缜密的地方,但从古代哲学史的角度看,中国先贤的思想所达到的高度和对后世各个领域的影响,是无可估量的。至今,不少国际学者还在激情满怀地研究中国文化对世界

第二章 传统的宇宙观、伦理与道德

的认识和天才的概括与猜测。

老子生活的时代正是佛教创始人释迦牟尼生活的时代（约公元前565~约公元前486年）。释迦牟尼也认为现实世界的一切并不是超自然力量的造物，而主张"缘起性空"。难怪佛教东渐走进中国之后，获得空前的认同。稍后诞生的大哲学家苏格拉底（公元前469~公元前399年）主张神学，但他的道德观也给后世以深刻影响。

那时候真是哲学家最活跃的时代。

在对宇宙的认识上，中国传统文化中的辩证思维是另一个重要的思想支柱。周朝先贤早就创制了《周易》，认为对立的两极构成统一的宇宙，世间万象可以发生质的变化。"九层之台，起于累土；千里之行，始于足下"，"祸兮福之所倚，福兮祸之所伏"。老子的这些名言，将在汉语的宝库中、在现实生活中永存。

当然，当时对条件在发展与转化中的重要性认识不足，也缺乏对于转化过程矛盾斗争的重要性的认识，只是一种朴素的原始的辩证法。老子的后学庄子，一面继承了

行走纸上长城

这种辩证思想,"安危相易,祸福相生",一面又将这种思想推向极端,认为一切事物都是暂时的存在,栽倒在相对主义和宿命论的坑里。他著名的《齐物论》的漂亮文章,就表现了这一点。

不过,关于对立两极组成统一世界的天才的宇宙观和方法论,至今仍是许多科学家研究课题时的指导思想。中国古代的认识体现在当今许多最尖端最先进的科技思想之中,这思想的光芒穿透了几千年的云雾。近代以来,老子在中国虽遭到如孔子一样的命运,也被泼上许多污水,但是时代的风正吹走乌云,廓清迷雾,老子、孔子、孟子、庄子和一切智慧的先辈正以本来的面目重现云端。认真地探讨和发掘老庄的思想智慧和超越精神,这是时代的使命。

二　关于理想社会的学说

百家争鸣　百花齐放（诸子百家学说）

春秋战国时代诸子百家各有所成，每一派都对理想的社会提出自己的主张。

老子说，理想的社会应当是："小国寡民，使有什佰之器而不用，使民重死而不远徙。虽有舟舆，无所乘之；虽有甲兵，无所陈之。使民复结绳而用之。甘其食，美其服，安其居，乐其俗。邻国相望，鸡犬之声相闻，民至老死不相往来。"他主张"无为而治"，说"无为而无不为"，无为正是有所作为。

行走纸上长城

庄子一面继承老子的思想，另一面比老子走得更远，主张"顺其自然"。

墨子认为理想的社会应当实行"兼爱"与"非攻"。"兼爱"就是主张无差别的爱，很有点"人人都献出一点爱"的意思；如果不相爱，就要打仗，就有侵略。所以，要"非攻"。不打仗，就必须相爱，"兼相爱，交相利"。博爱主义早在2000多年前的中国就有了旗手——墨子。

韩非子主张法、术、势结合造一个理想社会。提出"法不阿贵"，"刑过不避大臣，赏善不遗匹夫"，是"法律面前人人平等"学说的最早提倡者。帝王要会用权术，臣下要遵法度。术与法的后台是"势"，即政权。有了政权，会用权术，要被治者遵法。他的"法治"是治民而非君民一齐治。所以，他理想的社会，百姓都得战战兢兢，畏威而归利，听从君王的统治。

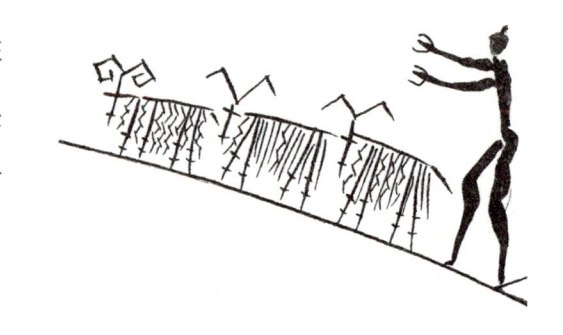

第二章　传统的宇宙观、伦理与道德

孔子学说——中国传统文化的主流派

中国传统文化中关于理想社会的学说，主流派是孔子创立的儒家学说。

1. "礼"与"仁"

孔子（公元前551~公元前479年）名丘，字仲尼，其先祖原为宋国的贵族，后避祸于鲁国陬邑（今山东曲阜东南）。他3岁时丧父，17岁时丧母，年轻时日子很不好过。虽然他当过司寇（很像公安部部长或警察局局长）这样的高官，但他也看管过仓廪，管理过牛羊。他十分重视音乐，因而他深谙和谐声音之妙，能把"乐"当作"六艺"之一，又把能吟能唱的"诗"摆在六艺之首。可见这位哲学家、政治家、教育家还是个文艺家。

孔子认为人类最美好、最理想的社会，便是"大同世界"，即由无数个个体以合理的秩序组成的统一和谐的

行走纸上长城

社会。在这个社会里,人人都能施展自己的才能,老有所养,少有所教,其乐融融。应当说,这个理想的社会,也是今人所追求的。人类对美好社会的向往也不过如此。2000多年前一个中国哲学家对人类崇高理想的描述涵盖了今天人们的追求,使我们不能不仰视这位先贤。

孔子学说中的核心是"礼"与"仁"。

"礼"是一种政治秩序,是行为规范,是"大同世界"秩序的具体化。孔子研究过夏、商、周三代的礼仪典章,知道它们前后因承而又有所损益。所以孔子提倡礼,可以看成是提倡随时代变化而不断增减损益的礼仪典章,或必需的社会秩序的表现形式。

"仁"是种最高的道德规范,也可以看作是"礼"的灵魂,是人际关系应有的标准,即互相亲爱。"仁"是孔子思想的最高范畴,是规定人们世界观、人生观、伦理观、人格、心理结构和思想境界的核心范畴。

第二章 传统的宇宙观、伦理与道德

2. 大同世界

怎样实现"大同世界"的理想社会呢？

孔子认为必须建立一种正常的秩序。"君君，臣臣，父父，子子"，即君臣父子各按其身份遵从自己的道德原则和礼仪，而克制不合于自己身份的欲望、言行，这就是"克己复礼"。而"克己复礼为仁"，"一日克己复礼，天下归仁焉"。只要做到克己复礼，遵从各自的行为规范，那么仁政也就到来。"仁者，爱人"，一个互相亲爱的仁政社会就会因为克制私欲遵从秩序而实现。

"君君，臣臣，父父，子子"，当然是为统治阶级而设想，要臣与子遵从君与父的。不过，也可以看作倘君不君，则臣不臣，给铲除暴君推翻苛政的行为留下了反叛的理论武器。所以，后来儒学的继承者孟子就从这里出发，在主张"仁政"与"礼"的同时，提出了"民贵君轻"的"民本主义"思想。"民为贵，社稷次之，君为轻"，不但把君放在人民、江山之后的第三位，而且还主张"暴君放伐"。可见儒学理想的社会，是不包括苛政和暴君的，而是主张和谐有序、仁爱守礼的。

"君子和而不同,小人同而不和",那些在尊重个性基础上创造和谐整体的人,是正人君子,真正的人;而那些只为了同一而忽略个性、抹杀个性的人是不可与之为伍的小人,不正派的人。这是多么鲜明的爱憎,多么美好的理想!孔子主张,建立理想的终极社会,即"和而不同"的"大同世界",应当由理想的人群(仁者、君子)来完成。这种理想人群的养成,是以自身的修为而得,并不祈求任何超自然的力量所赐,所以,他从不言说"怪力乱神"。理想人群组成理想的家庭,理想的家庭组成理想的国家,理想的国家,造成天下太平的盛世。这种"修(身)、齐(家)、治(国)、平(天下)"的思想,把实现终极社会的理想,寄托在每个人的主动修为上,而不是依靠神祇的救赎和恩赐,与宗教截然不同。他认为"礼"是实现终极社会的利器,"礼之用,和为贵"。当礼崩乐坏的时候,则"礼失而求诸野",向民众学习,到了天下"齐之以礼"时,则天下归仁焉,理想社会就到了。他的如何修身的教

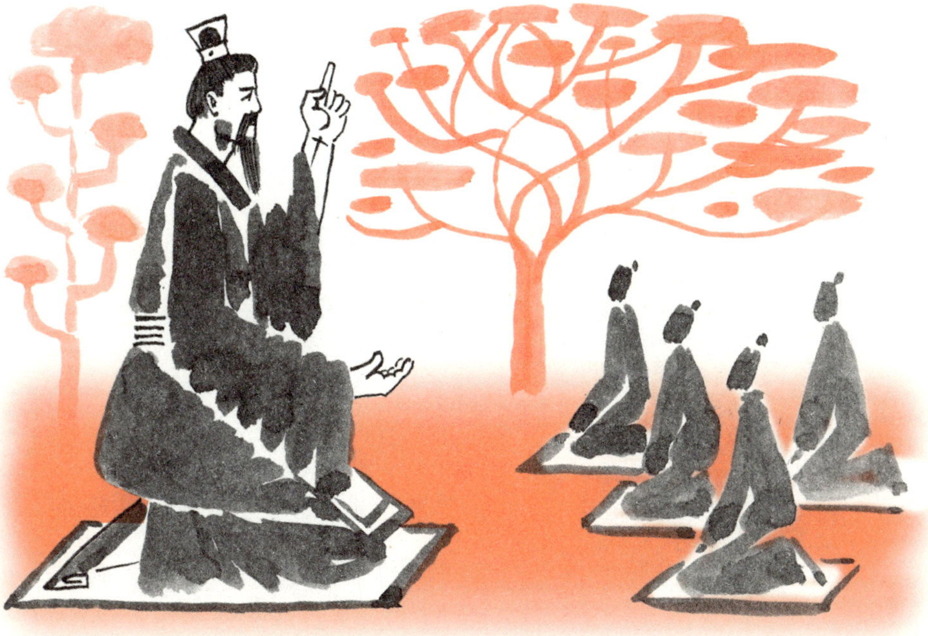

导,具体而微,有的成为人类永恒的道德标准。比如,他说:人们一生应当奉守的道德应当是"己所不欲勿施于人",如今已被世界宗教会议定为人类道德的"金律"。所以,孔子对于人类终极社会美好的自觉对于今天乃至未来的人们都有着永远的启示。

孔子关于"大同世界"的理想当时不可能实现。孔子30岁开始当教师,相传他有弟子三千,得意门生七十二人。他曾带学生周游列国推行他的主张,却得不到回应。晚年回归故里,编纂书文,把当时重要的文化典籍进行集中整理,对中华文明有莫大的功绩。

鲁哀公十六年(公元前479年),孔子73岁。这一年春天他病倒了。他的学生子贡来看他。孔子拄着拐杖站在门口,望着初升的太阳,轻轻责问子贡为什么这么晚才来。他低低地喟叹着,吟唱道:"泰山啊,你是要倒了吗?梁柱啊,你是要摧折了吗?哲人啊,你就要像草木一样枯了、烂了、委顿了吗?"他吟哦着,清泪从眼里流出,从此卧床不起。七天后,他真的如草木一样枯死了,遗体葬

第二章　传统的宇宙观、伦理与道德

在鲁国都城之北，永远地枕着故国的乡土安息了。

孔子是中国古代最具世界影响力的思想家。不论毁誉臧否，他的名字与思想都会长留人间。只要这世上还有人类，就会记起他的名言和他对人类社会美好的理想。

三 传统的伦理和道德价值观

　　自然界的和谐是遵从一定的秩序运行而达到的。春夏秋冬，顺应天时，农业才可获得理想的收获。违背了合理的秩序，便农事无收，人际紊乱。因此，在理想的国度必应有理想的社会秩序。一定的等级、制度、法律、人际关系、道德准则是理想社会所必需的。基于这种认识，中国文化中产生了独有的伦理观念。

伦　理

　　所谓伦理，就是人际关系的准则和价值尺度、道德

第二章 传统的宇宙观、伦理与道德

规范。

中国的先贤认为,家庭是社会的最基本元素,而家庭是建筑在血缘关系之上的。因此父子关系是人际关系中最核心的部分(这里突出地反映出父系社会的特点)。由此扩大,还有夫妇、君臣、长幼、友朋之间的关系。父子、夫妇、君臣、长幼、友朋,称为五伦。大体上包括了社会

行走纸上长城

上各种各样的人际关系。中国先人对社会关系这"五伦"的概括，产生于2000多年前，不能不说是天才的论述，智慧的总结。直到今天，人类社会的各种关系也大抵未能超越这五伦。

西方文化中少有五伦的观念，人总是以个体的形态同家庭、社群、社会相处。它的长处在于尊重个体的自由与权利，不足之处也是明显的，即家庭的凝聚力不足，于是松散的家庭所引发的社会问题成为社会学家的头等研究课题。

对于五伦关系的规范，随着社会发展变化而有所发展、变化、补充，但几千年来，大体上都遵循着"和"的原则、"仁"的标准。也就是说，五伦关系以和谐、融合为上，彼此相爱相亲。

人们同时具有多重身份，为父者同时是人之子，长者对更长者又是幼者。因此，人们同时要具有多种行为准则和价值观念，不断地适时地转换角色，在不同场合因身份不同而表现不同的言行。在这种多元、多层次、多侧面、

第二章　传统的宇宙观、伦理与道德

复杂的社会中，把一个繁杂的社会关系，概括为简明的五伦，实在是中国文化对家庭消失以前的人类社会结构最精确的描述和分析。

和谐的五伦，构成和谐稳定的社会。所以，伦理观念是中国先人对理想社会最具体的勾画。

伦理的价值标准也是判断道德的简明的尺度。违背伦理标准就是不道德，全社会都可以声讨。中国几千年来之所以有绵延不绝、相对稳定的优秀道德观，伦理观念起着巨大的作用。例如，不孝父母，不敬重老人，对朋友无义无助，无论在什么社会制度下都是中国人绝对不能认同的恶行，这与伦理观念的薪火相传有着直接的关系。

伦理的价值标准，也是造就杰出人物的道德熔炉。"先天下之忧而忧，后天下之乐而乐"，"富贵不能淫，贫贱不能移，威武不能屈"的民族英雄，其伟大的人格正是在伦理观念的陶冶下铸成的。那些光灿耀人的英雄也为中华民族的道德观和正确的伦理观树立了千秋不灭的榜样。

仁、义

孔子对民族、社会道德提出了一个核心和最高标准，这就是"仁"，他期望以此来规范民族的价值标准。应当说，他的这一呼唤是颇为深入人心的。

孟子在这个基础上有所发展。他提出以"义"作为民族道德的核心和最高标准。他的这一主张成为他之后2000余年来中华民族道德遵循的准绳。

孔子的"仁"可以导致对苛政暴君的批判，孟子的"义"却可以逻辑地发展到"暴君放伐"。

孟子（约公元前372~公元前289年）名轲，邹人（今山东邹城东南）。战国时代伟大的思想家，儒家的主要代表人物，后世尊他为"亚圣"。

儒学认为"礼义廉耻，国之四维。四维不张，国乃灭

第二章　传统的宇宙观、伦理与道德

亡"。

孟子将"四维"发展为"五德",即"仁、义、礼、智、信",义为核心。"义",就是正义,就是合理的、正确的准则。这些准则固然可以随时代的变革而增损,但也相对

稳定。孟子将"义"视为最高的精神境界，为了"取义"可以"舍生"。"舍生取义"就成为人的最高行为准则。一个人有这样的追求，他便是个高尚的人；一个民族有这样的追求，就是个伟大的民族。"舍生取义"将原则视为比生命还宝贵，这对中华民族追求崇高的个性有重大的影响。

中国人将各项美德都归在"义"的名下，"仁义""道义""礼义""信义""忠义""廉义""德义"等。"重义"成为中华民族道德气节的标准，与"重利"相对立，中华民族和中华文明从未被异文明所湮灭，与"舍生取义"的精神有莫大关系。

不过，伦理观念在长期的发展中也有过被改造、被曲解的时候，有悖先贤的初衷。五伦初倡，以"仁"为本，是主张互亲互敬互爱的，可是渐渐演变为只对父对君对师长对丈夫的愚孝愚忠、绝对服从。五伦的价值观变为压迫统治臣民和妇女的残酷天条。到两汉时形成"三纲五常"，更将原来互为依存的伦理关系，弄成一方压倒一方的关

第二章　传统的宇宙观、伦理与道德

系，将一个充满温馨的理想的五伦扭曲成冷冰冰的教条的铁牢，而且还借"圣人"之名，招摇着孔孟之道的旗帜偷梁换柱，将"圣"与"亚圣"——孔孟所幻想的温情脉脉的仁的社会换成一个处处戒律的活地狱。因此，将这被改造得一无是处的伦理说成"吃人的礼教"、阻碍社会进步的巨石是完全正确的。五四运动的功绩正在于打倒这吃人的礼教。不过"打倒孔家店"却有些冤枉了孔子和孟子，今天应当对孔孟的伦理观念认真研究，损益扬弃，为时代与国情所用，使正确科学的伦理观薪火相传。

孔子的儒学不是依靠逻辑的推导得出某种思想的原理，而是用充满温情的劝诫让人感悟人生和社会的哲学，人生美好的境界便是"中庸"。在论说时，又常常以山水万象加以比喻。不仅他如此，连严肃的老子、潇洒的庄子、激情似火的孟子都如此。中国古典哲学家以情动人，更具有诗人的气质，不是以抽象的理性示人，这怕是东西方古典哲学的区别。充满感情的儒学，让中国人接受并且传承永久，是值得外界加以探讨的。

行走纸上长城

　　1993年世界宗教会议通过的《走向全球伦理宣言》提出，将孔子的"已所不欲，勿施于人"列为人类伦理道德的金律。看来孔子关于"仁"的哲学正在被世界重新发现和再认识。

第三章

古老独特的生活方式

第三章　古老独特的生活方式

1920年，英国哲学家伯特兰·罗素在中国做巡回讲演，曾深有感慨地谈起他对中国生活方式的看法。他说："中国人已经发现了一种生活方式，并且已经实践了不少世纪。如果它能被全世界所采用，将造福全世界。我们欧洲人未能如此。我们的生活方式要求斗争、开拓、无休止地变革，不知满足以及破坏。被引导来实施破坏的效率只能在毁灭中结束……"

这位不喜欢孔子的儒学，却欣赏中国人的生活方式的哲学家，以西方生活方式的特点来反证中国生活方式的主要特点，这便是和平、渐进、勤劳、俭朴等。这种反证自然不可能包含中国生活方式的全部，但还是比较合乎中国的传统的。

简言之，中国生活方式的核心，依旧体现"和"与"序"的观念，即和谐、有序。

一　中国人生活方式的核心——家庭

中国人的家庭

1. 家和万事兴

个人、家庭（扩大至家族）、社会的关系是任何社会都要重视的基本问题。从历史的实践来看，西方似乎是个人—社会，缺乏"家庭"的一环，而中国则是家庭（家族）—社会，缺乏至少淡化了"个人"一环。人类社会的进展似乎在提醒我们，这三者少了哪一环都不行。理想的社会生活方式应当是：个人—家庭—社会都和谐、有序。

第三章　古老独特的生活方式

中国的传统生活方式，在理论层面上是主张个人—家庭—社会和谐有序的，达于这理想的良策是"修身齐家治国平天下"，而在实践的层面上却有许多弊病。

在中国传统文化中，家庭是社会的基本单元。整个社会被看作是家庭的延伸和扩大，而个人，只是家庭的一分子，常常不被看作是"独立的单元"。在中国伦理中，父子的血缘关系又是核心部分。所以，中国的家庭实际上是一个以父子为中心的血缘关系的小群体。旧式大家庭有"四世同堂"或"五世同堂"。所谓"四世同堂"便是父母，子、媳（或女、婿），孙子、孙媳，曾孙子（女）聚集而居。若子、媳因兄弟姐妹众多，则分出旁户，但也在一位父亲的统率下和合而居。巴金先生的《家》曾揭露了这种旧式封建大家庭的罪恶。但从伦理的层面讲，这种家庭原是为了体现"和"与"序"的。

"家和万事兴"，"齐家"是"治国"的基础，这是中国的传统观念。不过只要家庭安宁、稳定、幸福，社会也就祥和，这似乎是普遍的真理。直到今天，温馨和睦的家

庭依旧是绝大多数中国人最基本的人生要求和理想。

2. 长幼有序

在中国的家庭中，处处体现着"序"，体现着传统的道德观。每个家庭成员都担负着几种角色，每个角色都有一定的行为规范、道德准则。为父母者，同时又是先祖的晚辈，是人之夫、之妻。因此要给晚辈树立敬老、爱幼、相爱、相亲、相敬的榜样。同时，他们又是社会人，还要表现出敬业、勤劳、谦虚、自爱自立、善于持家、坚守信义等优良品德，这才能培育出好子女和模范公民。因此，家教历来为中国人所重视，"少调失教""缺乏家教"自古至今都是对一个中国人极大的轻蔑。

"序"的目的在于"和"。在家庭里，一切长幼秩序都是为了造成一个既缅怀祖先、慎终追远，又重视现在、爱护幼小，其乐融融、温馨可亲、团结和睦的家庭氛围。所有破坏这氛围的言行都被视为忤逆，这样的成员要受全体家庭成员的责难。中国人强调每个家庭成员在群体中的位

第三章　古老独特的生活方式

置和作用，要求全体家庭成员协调一致。西方家庭成员间的关系类似"契约制"，整个社会人与人、人与社会都建立在"契约"的基础上。中国传统的亲情观念、伦理观念是否应当向契约关系转换，是需要人们慎重思考的问题。在自由商品经济社会中，中国人还能不能保持原有家庭传统的特性，关系到中华民族特质是否存续的大问题。

实际上，"老有所养，幼有所教"的中国家庭，早被西方人称羡。20世纪80年代一部描写中国普通农家生活的影片《喜盈门》在西方上映，获得了出乎意料的成功。许

行走纸上长城

多人尤其是老人激动得热泪盈眶,渴望有影片中那位鳏独老人的幸运,同时向那孝敬公爹的儿媳奉上由衷的赞美。如今西方游客都对到中国家庭中生活几天极感兴趣,特别是那阖家吃饭的场面,以及那场面所流露的温情让他们羡慕。他们极愿意成为这场面中的一员,享受人间的亲情。中国人的浓浓的亲情,是中华民族最可贵的情感之一,这种优秀的传统,不应当抛弃。

家族——传承的纽带

家庭演化出家族,家族又扩大为社群。中华民族的凝聚力之一便是家族的纽带,"认祖归宗"至今仍是华夏儿女最强大的向心力之一。"宗牒""宗谱"学的复炽,海外各地华人"族亲会""宗亲会"的兴盛,都表明日臻富强的祖国对华人华裔的召唤力和家族的凝聚力。重视家族是中华民族悠悠数千年的传统,一位杰出的先祖会使千百年

第三章　古老独特的生活方式

后的晚辈感到光荣之至，无数仁人志士的后代无论怎样艰难也不愿做玷污祖先英名的丑事。所以，家庭、家族的和睦稳定是社会祥和进步的保障。

　　中国的传统的生活方式有其优良的内核，正如罗素这位哲学家所说："如果它能被全世界所采用，将造福全世界。"

二　独特的饮食与保健文化

中国家庭吃饭的场面之所以令西方人感到格外激动，大致在于两点。其一是气氛。这是中国人吃饭时潜意识中最为看重的。中国人吃饭要有氛围，主要是和合之气，乐融融进入陶然。其二是食谱、器皿。中国人的食谱，表现了食无禁忌的开放心态。许多吃食，西方人见所未见，闻所未闻，当然更没吃过。所以，好奇和初尝美味的快活组成持续不断的兴奋，这两点的结合形成中国家庭宴请西方人时笑语与美味搭配的风景线。

中国人食谱的宽泛是历史的产物。中国的先人由渔猎到畜牧再到农耕，从水里、山上、天空、洞穴、原野、树

第三章　古老独特的生活方式

木上获得一切可食之物。中国的饮食文化经几千年的发展，已臻艺术佳境。

吃饭还是体现"和"与"序"的最佳活动。中国人吃饭通常的规矩是以圆形为基本"载体"，圆桌、圆碗、圆碟……取团圆之意，融洽之情。但又长幼、尊卑、宾主有序。入席时，年老者、尊贵者、主要宾客先入席，接着是最让人爱怜的幼小者，他可以受到特殊的照顾，可以与年老者比肩而坐。因为这正好形成一个伦理的循环圈。敬酒、布菜、劝饮、更换器皿，种种手续都以上位者为首。《礼记·礼运》篇中说："夫礼之初，始诸饮食。"认为礼仪最早是从饮食开始的，可见吃饭的规矩与中国的礼仪有极密切的关系。中国菜吃法讲究很多，圆桌强调和合之谊，八仙桌则强调等级尊卑，吃起来就严肃、庄重得多。

中国菜已经达到出神入化的境界。单是菜式与器皿的搭配，上菜的顺序，以及饮酒时的酒令、猜谜、划拳、唱曲等，就有许多规矩，与中国文化、艺术紧密相连，更不要说厨师的刀工等技艺的当场表演。西餐将切割菜肴的程

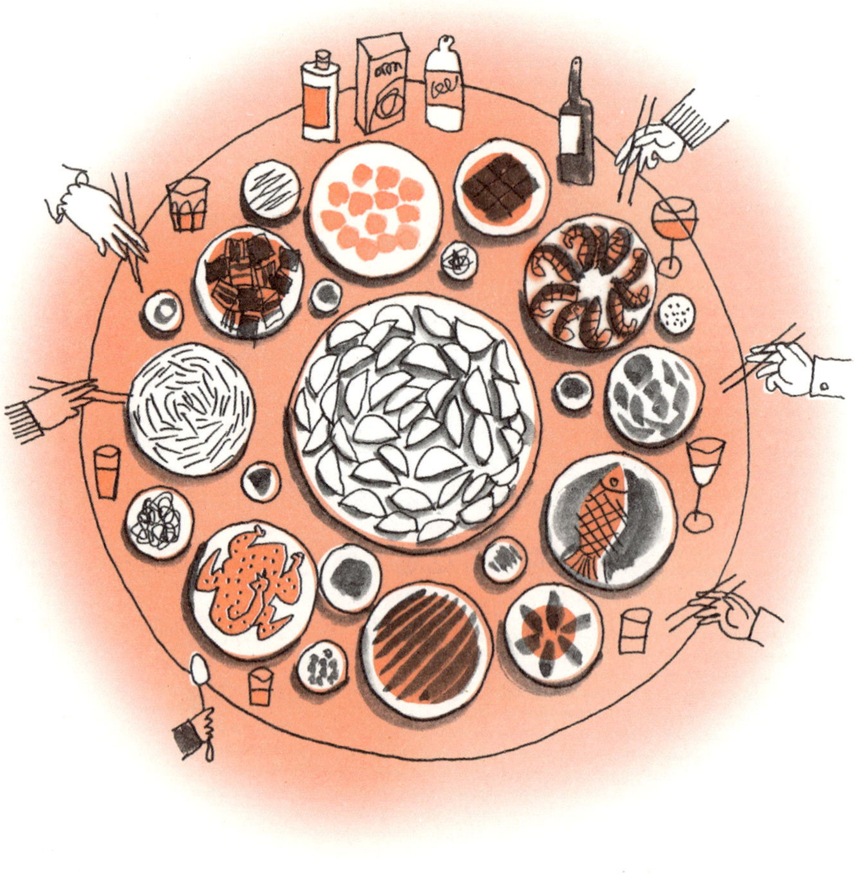

第三章　古老独特的生活方式

序交给每位食客，于是吃的"艺术"就少了很大一部分；而中菜的切割术留给厨师，发展成一门艺术。切削刻挖，因菜而异，每一道菜端上来都值得审美一番，食客一边欣赏菜的形式美，一边品尝菜的滋味美。

吃饭，还是中国人表现伦理亲情的地方，那种乐陶陶的氛围是格外感人的。许多游子日思夜盼，就盼望在父母身边吃一顿妈妈亲手做的饭菜，享受一次温情。

中国历来重视烹饪术，"治大国若烹小鲜"，政治家甚至从烹饪术中得到治国方策的启示。中国历史上第一个贤明的宰相伊尹便是厨师出身，他以"调和鼎鼐"之术治国，平衡各种因素，政绩斐然。"民以食为天"，中国传统文化已将哲学、文化、艺术都化进饮食，而饮食又成为一门独立的艺术，为世界展示了独特的文化。

中国的饮食文化历来被文人、艺术家所推进、发展。他们以自己的智慧创造这文化，发展这文化，也留下许多美味佳肴，如苏东坡的"东坡肉"，晚清官员丁宝桢的"宫保鸡丁"等。一些家庭菜式还正式成为自成风格的菜系，

如"孔府菜""谭家菜"等。

中国菜还与四时节令有关。过春节要吃鱼，以示"年年有余"；吃饺子，"招财进宝"；"吃年糕"，是"年年高升"；中秋节吃月饼，取"阖家团圆"之意；"迎客饺子送客面"，祝寿也吃"面"，谓之"长寿面"，面条越长越好，北京人谓"挑寿面"，取面条绵延之意。据说，马可·波罗把中国面条带回意大利（这已经史书证实），成为闻名遐迩的意大利通心粉，可是没有了吃中国面条时那些微妙的含义，"味道"就大不相同了。

"天人合一""万物皆备于我"给中国食无禁忌开辟了大道。不要嘲笑中国人好吃，敢于吃一切可食之物，摄取各种养分，也是智慧与勇气。饮食文化是最难更易的习惯。所以，饮食文化是中华民族的凝聚力之一。

中国的生活方式中还有一个极重要的部分即养生。中国的养生文化正渐次在世界上流行。

中国传统文化中有个重要观念——"药食同源"。所以，在食谱中有许多药物。不仅有草本木本的花果与野

第三章　古老独特的生活方式

菜，如牡丹、百合、枸杞、地黄、当归、莲子、薏米、红枣、牛蒡、芹、藿等，还有动物的肉、脂肪、骨、血或内脏。如今，药用食补的观念也开始在全球通行，不能不说是中国文化的贡献。

还有中国的武术，外国人称之为"功夫"。中国许多

行走纸上长城

人都会几下"太极拳",这是中国人须臾不可离开的生活方式之一。中国传统在强身之道上,是"以静制动""动静结合",于是"太极拳"就成为典型。中国武术以强身强心(增加自主与自尊)交友为目的,是"修身"的方法之一,而反对害人、损人,更反对以武力炫耀、叛友背义,出卖民族与国家,这便是"武道""拳道",是所有习武的人应当奉为至高无上的原则的。

文化是种积累,饮食与养生之道也靠数千年的实践与理论的积淀而成为深厚的文化。

三　生活方式的内涵与情趣

生活方式

1. 文化内涵

生活方式，就其内涵主要有两种。按英国哲学家罗素的说法，一种是"斗争、开拓、无休止的变革，不知满足以及破坏"；另一种是顺应自然（所谓顺变），渐进、宁静、和谐。

这两种方式，各有其利弊。罗素早就在欧洲人的生活方式中发现了其内涵的不足。只是他太过悲观，对这内涵的积极一面看得不够。或许因为他在中国发现了他早已渴

行走纸上长城

望的那另一种内涵的生活方式,将中国人和平、渐进的生活说成最理想的生活,而想不到这种内涵很可能让生活变成如一潭死水般的宁静与雷同。年复一年,日复一日,没有变化的日子其实也很难过。罗素希望中国传统的生活方式在全球推广。其实,更好的生活方式应是上述两种生活方式的融合——积极而又祥和。孔子说的"大同社会""和而不同"类乎此。

中国人对日常生活的追求,在文化内涵上接近于道家的学说,倾向质朴。比较高雅的境界是居乡野与大自然融合,读书、弈棋、垂钓,行散于山林江渚之间,这是知识分子的追求;普通人则是"良辰美景,花好月圆",包括了顺应天时、融合自然、协调万物、重视人伦(以"月圆"相比拟)四个基本要素。当然,也有人追逐金钱,锦衣玉食,花天酒地,沉溺声色,但这历来为中国人所不齿。一部分士人,则求显达求功名,将儒家的入世思想演化为利禄之说,于是"儒家"变成庸俗市侩的理论,而道家成为高雅不俗的学说。这只是后人对前贤的改造。不过,由此

第三章　古老独特的生活方式

可以看出，中国人在生活方式的内涵上更崇尚道家。

既要顺应天时，就要重视节气，根据节令的不同，安排与自然界相融合的生活内容。所以中国人的习俗总是充满与自然相和谐的情趣，春日踏青，夏日观荷，秋日登高，冬日赏雪。让青草鲜花习风澄水，红黄的秋叶与高远的天空白云，洁净的雪和朦胧的夕阳，一道混合成多滋多味的调料，天时、人际、万物融为一体，其乐陶陶，诗意盎然。

2. 传统节日

中国的传统，对节气，对节日，总是格外重视，这是紧张劳动中的休息。消闲的方法又总是以焕发出生命的韵律、欢乐、祥和为宗旨，即使祈福、祭神，也是以天、人交相呼应为内容，神仙是次要的，人的祥和才是主要的。

（1）春节

春节是中国人最重要的节日。一进入冬至，人们就开始了期待，待到腊月，过春节（又称过年）的序曲就开始了。腊月初八，要喝腊八粥。腊八粥是以各种杂粮、豆类、干果混煮的粥。以各种粮果煮粥也是丰收的象征。据说，最早的"腊八粥"是为纪念释迦牟尼菩提树下悟道时，为他送来粥品的牧羊女，倘若真的如此，那这又是一个中外文化结合的例证。腊月二十三，谓之"过小年"，要祭灶王爷。灶王爷是民间封的神祇，有的书上说他姓苏名吉利，妻子王氏。北京的民谚说："灶王爷本姓张，一碗凉水三炷香。"祭祀灶王爷与灶王奶奶，供品可繁可简，完全看主家的意愿与财力。有的上糖瓜，即麦芽糖，黏度很大，意思是说灶王夫妇吃了这糖就粘住了嘴，无法向玉皇大帝说民间的坏话；凉水与一碟草秸、料豆，是供灶王的马吃的。然后三炷高香，将灶王夫妇从漆黑的灶间请下来，在铁盆中焚化，灶王夫妇就在跳跃的火光中升天向玉皇大帝汇报去了。这庄重的仪式，只能由男性执行。本是一种对"神"的愚弄，却出之以庄严，本身就是一个幽默。接着是腊月二十四，扫房子，有除旧尘焕发新颜的意思。二十五、二十六要煮肉，准备春节期间不动炊火。

第三章　古老独特的生活方式

二十七，杀鸡、烹鱼。经过几天快乐的期待，终于到了年三十。这天晚上按习惯要一夜不睡，谓之"守岁"，来迎接"年"的到来。接着"诸神退位"，单单把灶王爷请回来。灶王夫妇在天上待了七天七夜，领受了天帝的旨意重回人间，来保佑一家新的一年祥和平安。在中国人眼里，无灾即福，体现了中国人的宽宏。

（2）元宵节

过春节的庆祝要到正月十五日才完毕。正月十五又叫元宵节、灯节。那天要吃元宵，取团圆之意；舞龙灯、耍狮子，庆祝又一年农事的开始。那天，各色的灯光，尽显中国平民的才智与期望。

汉武帝时祭太一神，以正月十五祭祀，通宵达旦，有灯火为饰，从此开始了灯节。当佛教传入汉朝以后，又将印度僧众集体观看佛舍利放光的仪式引入中国。东汉明帝下令，在正月十五夜于宫廷佛寺中"燃灯表佛"，这大约是公元67年的事。那一年，罗马的皇帝尼禄正在希腊参观古代的艺术品，同时下令镇压犹太的起义运动。隋炀帝

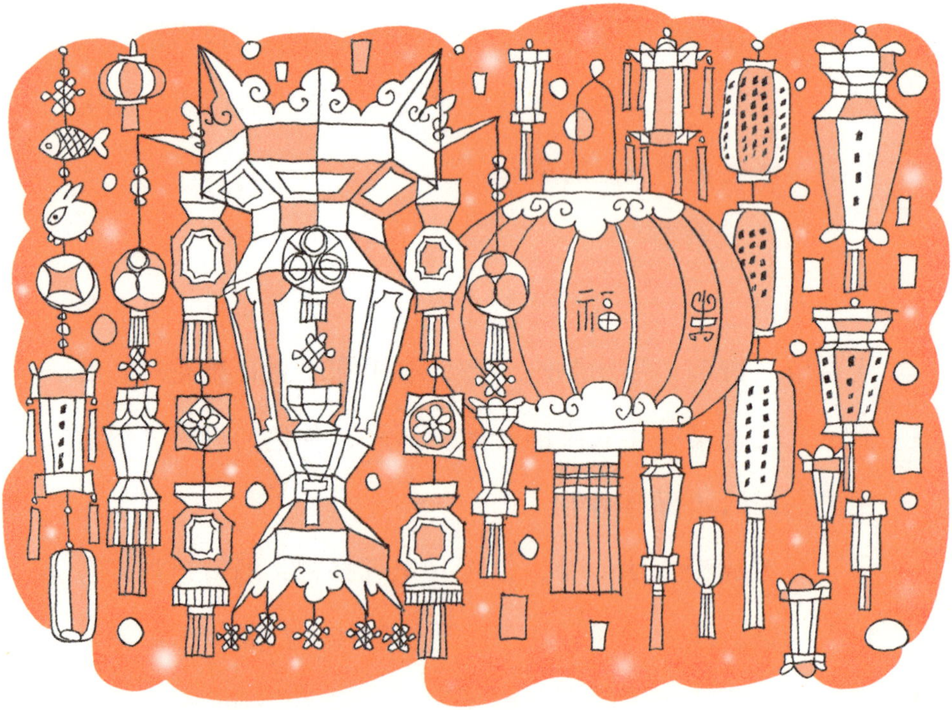
福

第三章　古老独特的生活方式

崇佛，隋代元宵灯节颇为兴盛。唐代也崇佛，灯节成为传统，代代相沿，宋代出现了走马灯，很像今天电影的祖先。将火药用于放烟火也始于宋代。多彩的烟火装点夜空，让人间天上都充满喜庆的氛围。2000多年过去了，灯越来越亮，而佛事的内涵却渐次衰微，改成彩灯照耀明天的路，祈愿新的一年如彩灯般亮丽。

（3）介子推与清明节

每年的4月5日前后，中华民族中有20多个兄弟民族要过"清明节"。这是一个极具内涵的中国重要的民俗节日，是重要的八个传统节日（元宵、清明、端午、七夕、中元、中秋、重阳和春节）之一。又是农历二十四节气之一（立春、雨水、惊蛰、春分、清明、谷雨；立夏、小满、芒种、夏至、小暑、大暑；立秋、处暑、白露、秋分、寒露、霜降；立冬、小雪、大雪、冬至、小寒、大寒）。清明在春分后15天，冬至后105天（每15天一个节气）。

中国传统的清明节大约始于周代，距今已有2500多

行走纸上长城

年的历史。2006年5月20日，中国国务院批准清明节列入第一批国家级非物质文化遗产名录，现已成为中国的法定假日，每年清明节放假一天。这是民众扫墓、祭祀先祖和逝去的亲人、追慕民族英灵的庄严的节日。

清明节又称"寒食节"。关于寒食，有一个传说：

春秋时代，晋国公子重耳，流亡出走，受尽了屈辱，只有介子推等几个忠心耿耿的人，一直追随着他。一次，重耳饿晕了过去。介子推从自己腿上割下一块肉，烤熟送给重耳吃。十九年后，重耳回国做了君主，就是著名的春秋五霸之一晋文公。他封赏同甘共苦的臣子，唯独忘了介子推。有人为介子推叫屈，晋文公心生惭愧，马上去请介子推上朝受赏。可是几番催请，介子推坚辞不来。晋文公只好亲自去请，却见介家大门紧闭，介子推已经背着老母躲进了绵山（今山西介休东南）。晋文公听从别人计策放火烧山，三面

第三章　古老独特的生活方式

点火，留下一方，以为大火起时介子推会自己走出来。孰料大火烧了三天三夜，终究不见介子推出来。大火熄灭后，上山一看，介子推母子俩抱着一棵烧焦的大柳树已经死了。晋文公哭拜一阵，安葬遗体，发现介子推脊梁堵着柳树树洞，洞里藏着一片衣襟，写了一首血诗，道："割肉奉君尽丹心，但愿主公常清明。柳下作鬼终不见，强似伴君作谏臣。倘若主公心有我，忆我之时常自省。臣在九泉心无愧，勤政清明复清明。"晋文公葬介子推母子于那烧焦的柳树下，下令把绵山改为"介山"，在山上建立祠堂，并把放火烧山的这一天定为寒食节，晓谕全国，每年这天禁忌烟火，只吃寒食。他还伐了一段烧焦的柳木做了双木屐，每天望木屐而兴叹："悲哉足下。""足下"是古人下级对上级或同辈之间的尊称，据说来源于此。次年，晋文公率群臣素服徒步登山祭奠，见那老柳树死而复活，绿枝依依，随风飘舞。仿佛介子推

行走纸上长城

的灵魂向他娓娓诉说。他含泪掐下一条柳枝,编成柳圈戴在头上。把复活的老柳树赐名为"清明柳",又把这天定为清明节。晋文公心仪介子推勤政清明,励精图治。晋国的百姓也安居乐业,怀念和尊崇不图富贵的介子推,常在寒食节这一天用面粉和着枣泥,捏成燕子的模样,用杨柳条穿起来,插在门上,名之为"之推燕"(介子推亦作介之推),来召唤他的灵魂。

需要说明的是:这故事显然是后世的民间传说。那首所谓介子推的血书诗肯定是说书艺人的伪托之作。因为战国时代,尚无这种近似现代民间口语的所谓"格律诗"。而且介子推这样的大文人也不可能写这样毫无文采的"诗"。但是这却表现出中国民间对介子推道德品格的推崇。

寒食那天恰好在清明节前一天,渐渐两个节日合二为一,成了全国百姓的隆重节日,既包含了人们怀念故

第三章　古老独特的生活方式

人、感恩知报、慎终追远、继承先贤的悲怆与庄严的情怀，又有天清地明时节开展农事、释放心境的愉悦，正所谓"清明前后，种瓜点豆"，"清明清明，植树踏青"。今天，当一架架风筝系着人们的思念和向往飞上辽远的蓝天，当少男少女们踏歌而行，将快乐和青春播撒在新绿的大地上，那是怎样的欢愉呀！中华民族能将愁苦、报恩、怀念的悲情，与植树、耕种和迎接新春的欢畅巧妙地结合在一起，营造出一种独有的风情。了解中国人的情怀，过一次清明节实在是好的实践。历代歌唱清明节的诗歌不可胜数，也是中华文明宝贵的文化遗产之一。

（4）屈原与端午节

正月以后，月月有节，有的因节气而定，有的因祈福而定，有的因敬祖而定，有的因祭奠亡灵（鬼神）而定，如清明节。而五月端午则是纪念伟大诗人屈原的。

屈原（约公元前340~约公元前278年）是战国时代楚国（今湖北、湖南地区）的三闾大夫，一位伟大的爱国者。

他因楚王昏庸，不能接受他正确的主张，反而听信谗言诬妄构陷他，便负石披香草而自沉汨罗江。百姓闻讯纷纷划船打捞他的尸体，又在水中投入装米的竹筒，不让鱼噬咬他的遗体。屈原的身体随水而去，他的高风亮节却永留人间。年年岁岁在他投水自沉的日子（旧历五月五日），全民族都祭奠他。披香草、划龙舟、包粽子、插艾蒿，成为永恒的习俗。

（5）七夕节

每年七月七日，中国北方谓之"七夕"，是传说中天上的牛郎和织女相会的日子，所以是中国民间的情人节。如今，西风东渐，西方的情人节正大行其道于中国，每年的2月14日前后，玫瑰花和巧克力糖都跃上销售量的高峰，这也是新的风景。

（6）中元节

七月十五是中元节，又称鬼节，追忆已逝的家人先辈，邀请他们的灵魂重温家庭的温馨。平原地区，这一天暮色苍茫时，人们敞开家门，在田野上用一声声悠长的呼

第三章　古老独特的生活方式

唤，招呼亡魂归家。呼唤声此起彼伏，在夜风中飘荡。这情景经历过一次，便永久不会忘记。在有水的地方，还在河流湖泊中放置点燃烛火的"河灯"。当星月初升时，点点灯火随水漂流，将亲人的哀思寄往远方，也是一种人与"冥间"感情的交流，神秘中透出诗意。

（7）中秋节

八月十五中秋节，游子要回归故里，举家团圆。拜月的仪式同祭灶相反，要由女性来执行。抬头望月，低首思亲，品香茗美酒，持蟹赏菊，这一夜会有脉脉的温情萦绕在胸中，与月色清风相伴，让人久久不能忘怀。

（8）重阳节

九月九日，远足登高，望辽阔的秋色，让人心情一振。于今，重阳节增加了敬老的内涵，也是维系亲情的好办法。

以上这些节日分布于全年，使生活张弛有度，既与大自然相亲和，又体味文化的韵致，使中华民族有不绝的生命的节律。

行走纸上长城

中国人的情趣

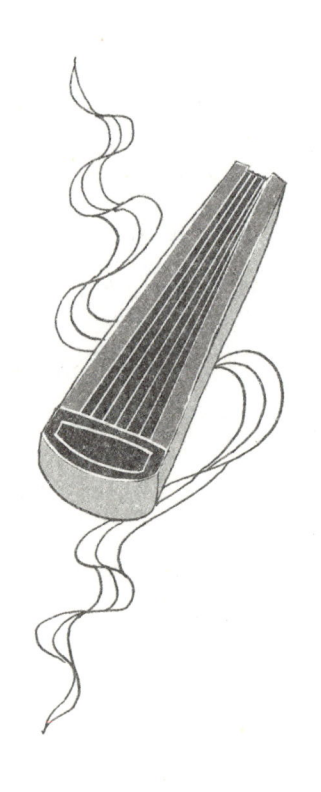

节日之外，中国文化还渗进中国人生活的各个方面。琴棋书画，重要的不在于技艺，而在于从事这些活动时的心境，目的在于感悟人生。

饮茶源于中国，讲究的是清、雅二字。弹琴，原本是要焚香的，以示诚与静。作画则崇尚自然。棋之道则更深奥些。围棋诞生于中国，是中国古老哲学的体现，19道线横竖相交，产生了361个点，生发出无穷的变化。阳刚阴柔，对立统一，动静结合，进退相补。弈棋之妙不在于争一时一地之得失，而在于求得变化中的处乱不惊、大局观、讲求效

第三章　古老独特的生活方式

率等。

中国历史上禅学曾大为兴盛，参禅成了中国人中相当一部分人的爱好。于言谈中讲所未讲，悟所未言明的事物、规律及各种微妙的情绪与境界。禅学似乎最能体现东方文化中神秘的韵味。禅学的精神内涵其实也是崇尚自然，追求平和与宁静。

求祥和并不意味着怕灾变，愿平静也不意味着宁愿受人欺凌。中国人热爱自己几千年流传下来的生活方式。优秀传统文明的传承，一是文本的传承，那些古典的文献记载着文明全部的成果，应当代代研习、继承和发扬；另一种传承就是生活方式的传承，这是深入灵魂和骨髓的传承，保证我们民族的精神永世传扬。实践已经证明，这个爱和平的民族总是能在最关键的时刻捍卫自己神圣的传统。

行走纸上长城

总之，中国人的生活方式在平淡中蕴含着多姿多彩，在宁静中包含着生机。那追求自然、和谐、质朴、温馨的生活方式，是中华民族代代相传、延续无穷的文化体现，是区别于其他民族的特质之一。

第四章

传统的经济文化及其影响

第四章　传统的经济文化及其影响

1776年，英国著名经济学家亚当·斯密发表了他的《国富论》。在这部被奉为经济学史的经典著作里，他说："许久以来中国似乎就停滞在静止状态了。中国的经济，几个世纪里没有变化，人口也不增不减。"他认为在马可·波罗时代以前很久，中国的财富就因为制度的制约，后来就没有发展。他发表这些观点的时候，中国已经陷入落后的泥潭之中。64年之后，英国用坚船利炮轰开了中国的大门，或许正是这些论点成为列强侵略中国的经济上的借口。近代，由于中国的落伍而急切呼唤改革的声音中，也有一种"理论"，即由于中国长时期的"重农轻商"，使得中国商品经济一直处于竭蹶不振的局面，而在这种小农经济基础上建立起来的全部中国文化都在腐朽之列而应予扫除。

事实并不完全如此。现代商品经济相对滞后的中国，在历史上却有相当发达的古代商品经济。"重农轻商"，并不意味着商品交换的绝对落后，只是同农业相比，它处在并不被格外重视的地位。中国古代社会农业经济的水平是很高的，所以，商品经济即使被轻视，也有较高的水平。何况，商品经济与商人的被忽视在历史上并不是一以贯之的事，不同的时代有不同的情况，不可"一言以蔽之"。

20世纪后期至今，经济的发展又把对中国传统文化的再认识、再发现提到紧迫的日程上来，重新审视中国商品经济的传统，就成为十分必要的工作。

一　漫长的商品经济传统

商品经济是人类发展的客观产物。中国既然有悠久的历史，也就必然有漫长的商品经济传统。中国是商品经济最早的发祥地之一，在长时期里走在世界的前列。

在距今约3700年前的殷商时期，中国的交换业就已较普遍，并且有了交换的"符号"——货币。货币是商品经济的重要标志，说明商品交换脱离了以物易物的初始阶段而渐次步入成熟阶段。殷墟墓群出土了大量的海贝、龟甲、鲸骨货币，更有三枚铜贝。铜贝是中国目前出土的最早的铸币，也早于同时期的其他国家。而专门从事贸易、以营利为目的的人群的出现，则是商品经济发达的

行走纸上长城

标志之一。

殷商时代专门从事交换业的阶层已经形成,而在西周时代,这个阶层已经被称为"商人""商贾"。对一部分以某种方式立足于社会的人群冠以特定的称谓,证明这部分人群已经是社会生活中不可缺少的一分子。因此,"商人"这一称谓的出现,足以证明在春秋时代,交换业者已经是社会中的重要成员。

在殷商时代,交换业就由大漠直抵海边,西周时就更广远而深入,城镇至乡村都有商业的存在。商人有的富可敌国,受到诸侯的重视。史载,春秋末年,郑桓公和商人订立盟誓,商人可参与政治并且与诸侯"分庭抗礼",地位很高。

战国时期,著名的政治家、编纂《吕氏春秋》的吕不韦就是大商人出身,后又到秦国辅佐秦王嬴政,成为历史上争议颇多的人物。吴越争霸时的范蠡也是大商人,官居越国的大夫。他与西施的故事至今还缠绵在人们心中。范蠡本人更被许多商家奉为中国的商业之祖、商业之神。他

第四章　传统的经济文化及其影响

们之所以不挑选吕不韦担当此角色，恐怕与道德评价有关，也与义有关。因为范蠡除了有浪漫故事之外，还是一个忠诚的爱国者，这是中国商业文化中道德价值观的表现。

秦统一中国也统一了货币，对商业经济的发展有很大的推动作用。在战国时代就已经实现了土地自由买卖，劳动力相对自由，不再终生依附于奴隶主的现象在秦代已经相当普遍。择业的自由也促进了商业经济的发展，统一的局面更加速了商品经济的繁荣。1500多年以后，即十四五世纪欧洲才出现土地自由贸易。

西汉在秦的基础上进一步统一货币，推动了商品经济的大发展。正是商业的发达，才使太史公司马迁在《史记》中专门辟有《货殖列传》，写了许多著名的商业家、经济学家传记。

西汉时，"富商大贾，周流天下，交易之物莫不通，得其所欲"。此时，更有张骞出使西域，渐次开通中国黄河平原通往中亚再至古罗马共和国、地中海东岸，横贯亚

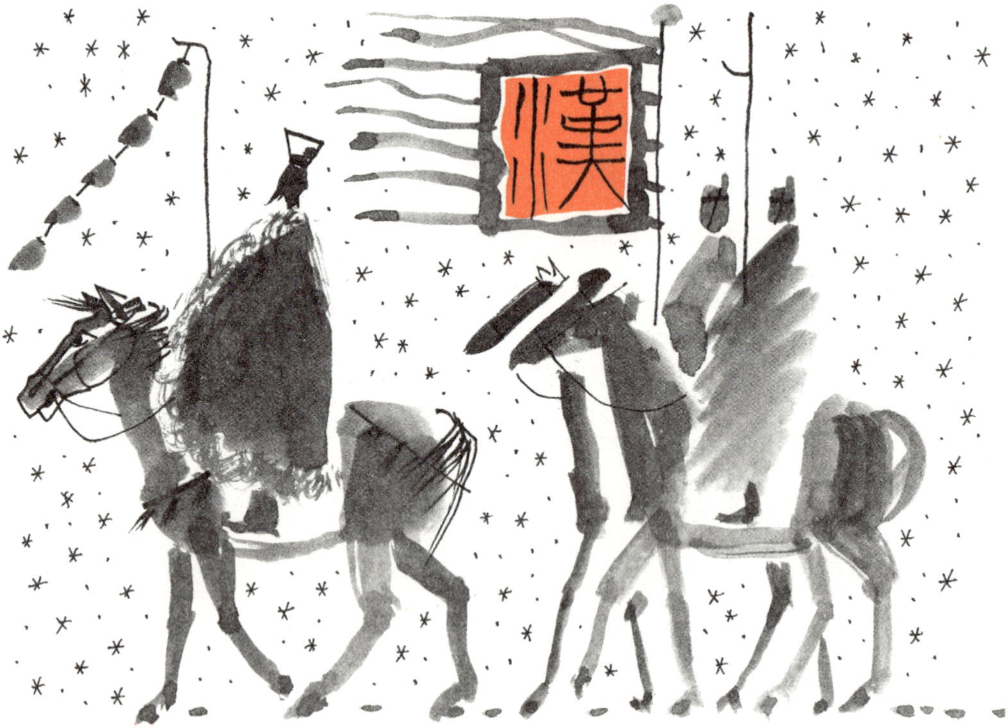
漢

第四章　传统的经济文化及其影响

欧大陆，长达7000多公里的"丝绸之路"。这是世界上公认的最早、最长、规模最大的贸易通道。这条"丝绸之路"千年来绵延不断，沟通着中国和西方各国的古代文明。这也是中国古代商品经济发达的纪念碑。欧洲各国王宫里陈列的中国瓷器和帝王后妃们所穿的丝绸锦缎，不是上帝的恩赐，而是无数马匹和骆驼从遥远的中国运来的。

"边城暮雨雁飞低，芦笋初生渐欲齐。无数铃声遥过碛，应驮白练到安西。"唐代诗人张籍《凉州词》中的这几句话，描绘了那长长的驼队把丝绸在早春时节传往西域的情景。铃声越千载，至今仍能振聋发聩。

唐代的商品经济在古代社会达到空前繁荣，成了当时世上强大富饶的国家。唐都长安有东西两大商业区：东市、西市各有220多个行业，经营国内物产，也是各国商人集中交易的地方。来华贸易的国家至少有44个之多，服装、丝绸、珠宝、香料是最大宗的交易。盛唐的商品经济在当时还没有其他国家能望其项背。

宋代出现了世界上最早的有价证券——纸币。宋朝的

行走纸上长城

"交子""会子""关子"的出现和大量使用，标志着宋代是个商业经济水平很高的国家。在宋人的绘画中还出现了举着商品招牌在街市行走的人，这可以看作是早期的"广告"和"广告人"。《水浒传》中出现的"出门倒""透瓶香""三碗不过冈"，在今日也是绝妙的酒的广告词。

明朝时中国有世界上最大的船队。以郑和为例，他七下西洋，船队最多时有宝船200余艘，首次远航随员2.7万多人。七下西洋，虽主要是出于政治目的，但也起到了扩大对外贸易的作用。国内，手工作坊遍布，商品经济极为活跃，尤其是长江三角洲和苏州、杭州、无锡、扬州已经成为颇具规模的早期商品经济地区和城市。清初，在雄才大略的康熙皇帝统治下，商品经济从战乱中复苏，走上新的发展阶段。总之，从殷商至明末清初，3000多年来，中国的商品经济虽有盛衰，但始终活跃，不断发展。

前文提到亚当·斯密的《国富论》在论述中国古代经济长期停滞不前时，提出一个重要的论据，这便是"人口不增不减"。以人口状况来验证社会经济状态是合适的，

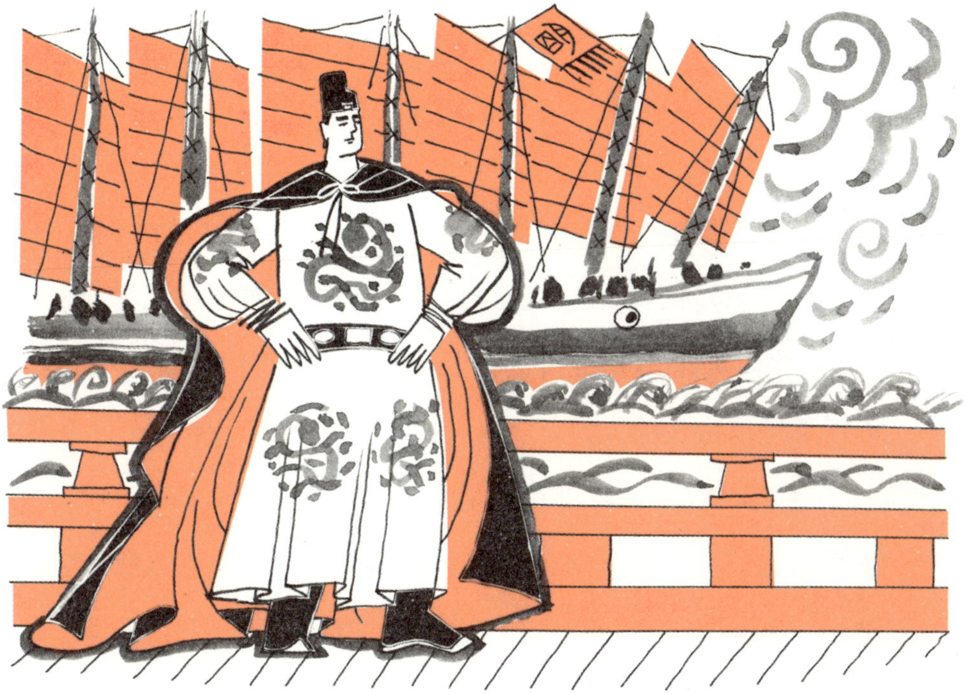

行走纸上长城

可惜这位学者对遥远的东方大国的真实情况并不了解,所以他的结论并不符合实际。

明初,中国人口约为6500万,明末便增加至1亿多人。又过了150年,即18世纪后期,《国富论》问世的时代,中国人口已达3亿,是当时全欧洲人口的两倍多。人口不是"不增不减",而是有增无减。中国人口在西方入侵的前夜,即19世纪中叶(公元1840年前后),已达4亿以上。而明清两代540年间,中国耕地的总面积仅仅增长了1倍多。如果不是经济的增长,这有限的耕地显然不能养活那迅速增长的人口。

清朝康熙皇帝曾下诏"盛世滋生人丁永不加赋",雍正皇帝也主张"摊丁入亩",生孩子不加人口税,只收土地税,人口遂而大增。这正说明清朝经济对于人口的承受力。

著名的人口学家马尔萨斯有个"人口循环"理论。他认为,当生产资源赶不上人口的增长时,社会就会发生大规模的饥荒、瘟疫或内乱,使人口恢复到原有的水平。为

第四章　传统的经济文化及其影响

了把人口控制在"合理""适度"的水平，战争手段也许是必要的。且不论他的"人口循环"论是否真正科学，即以他的论点衡量中国古代社会与同时期的欧洲，许多历史事实令人深思。

中国在明代以前的1000多年里，人口大致徘徊在几千万人的水平上，处在中世纪晚期的欧洲（即相当于南宋至明初这300多年中）人口发展也大致如此。也就是说，中国明朝以前的1000多年与欧洲一样，都处在马尔萨斯说的"人口循环"的怪圈中。欧洲一直到17世纪，除英国、荷兰以外，还被这循环圈紧紧地控制，不能自拔。只是在18世纪以后，资产阶级革命建立了新的经济制度，激发了生产力的巨大发展，欧洲的人口才实现了持续增长。而在这之前200年，中国经济已经率先突破了马尔萨斯"人口循环"的阴影，实现了人口的持续增长，证明中国经济有了长足的发展。这是中国社会由古代向近代嬗递时的最后一次辉煌。在世界文明史上也是一项了不起的成就。今天，全世界还在称道中国靠世界耕地的7%，养活了世界

行走纸上长城

人口的1/5，是一个经济奇迹。其实，这个荣耀首先归功于中国的祖先，是他们在世界上头一个创造了奇迹。

由此可知，中国经济增长的速度，是在18世纪中叶以后才落后于西方的。

资产阶级革命极大地促进了西方生产力的发展，而中国却正处在相对滞后的状态，这便是西方入侵中国的经济背景。

二　中国传统的经济文化

中国最初的金属货币有布币、刀币、圜钱和蚁鼻钱四种形式。布币由农具"镈"和"铲"形状演变而成，体现了农耕社会的特点。刀币则是由刀"削"转化而来；圜钱为圆形货币，起源于纺轮，都与生产、生活密切相关。另外，大概刀币取其刀刃之"利"，圜钱取其圆通流动的含义。当时的先辈已经清楚地明白商业的主要目的是获取利润，而货币只有在流通中才能增值，原始的积攒和储蓄是毫无意义的。圆币中央穿洞，是为了好用绳子穿起来，便于携带远行。而孔呈方形，则取"天圆地方"之意也。这不仅说明商业早脱离原始的易货，而且商品与商人游走四

方，商业已经可以与农业、冶铸业等论高低，支撑国家的天地了。

秦汉时期，商品经济颇为发达，于是有了著名的自由经济思想家，这便是史学家、文学家、《史记》的作者司马迁。许多人对此大约颇感意外，但研究经济史的专家却往往把司马迁同晚于他1800多年的亚当·斯密相提并论。

司马迁的经济思想主要体现在他的鸿篇巨制《史记》中。

第一，他以"经济人"的观点观察社会与历史。

人除了自然人的一面外，更重要的是人的社会属性。社会属性包括阶级性、群体性、职业性、地域性等。以经济人的观点看社会，就要以经济特别是商品经济的角度和价值观来分析与评判社会与历史。这种观点显然是建筑在社会经济比较发达的基础之上的。

司马迁说："天下熙熙，皆为利来；天下攘攘，皆为利往。"天下人群熙来攘往，都只为了一个字：利。他用一句话概括了商品经济社会全部活动的终极目标：利润。

第四章　传统的经济文化及其影响

这种观点出现在2000多年前，是何等的犀利与准确。他并没有将帝王公侯或知识分子从人群中格外剔出，而是都一齐包括在"熙熙""攘攘"之中，给他们一个统一的价值标准，都为了利益而奔忙。后世的民谚"人为财死，鸟为食亡"，虽广为流传，却没有司马迁的论断深刻。"财"与"利"不是同一的概念，而"利"的含义要比"财"深广得多。所以司马迁思想的光芒历2000年而依旧夺目。

　　第二，他主张用价格杠杆调节社会经济与资源的合理配置，乃至人口的流动和职业的分配。

　　他认为农、工、商、渔等，都只是职业的分工，只要各尽其能，便足以分担社会的经济职能，而无须朝廷的干预，硬性分配人群的职业。

　　他认为，人们各自从事自己所擅长的职业，竭尽所能，都是为了得到自己想得到的。物品匮乏了，价格便高；物品充盈了，价格就低。物价低了，商品就会流向物价高的地方；物价高了，人们就奔向物价低的地方。人们各自努力地对待自己的事业，高高兴兴地对待自己的工

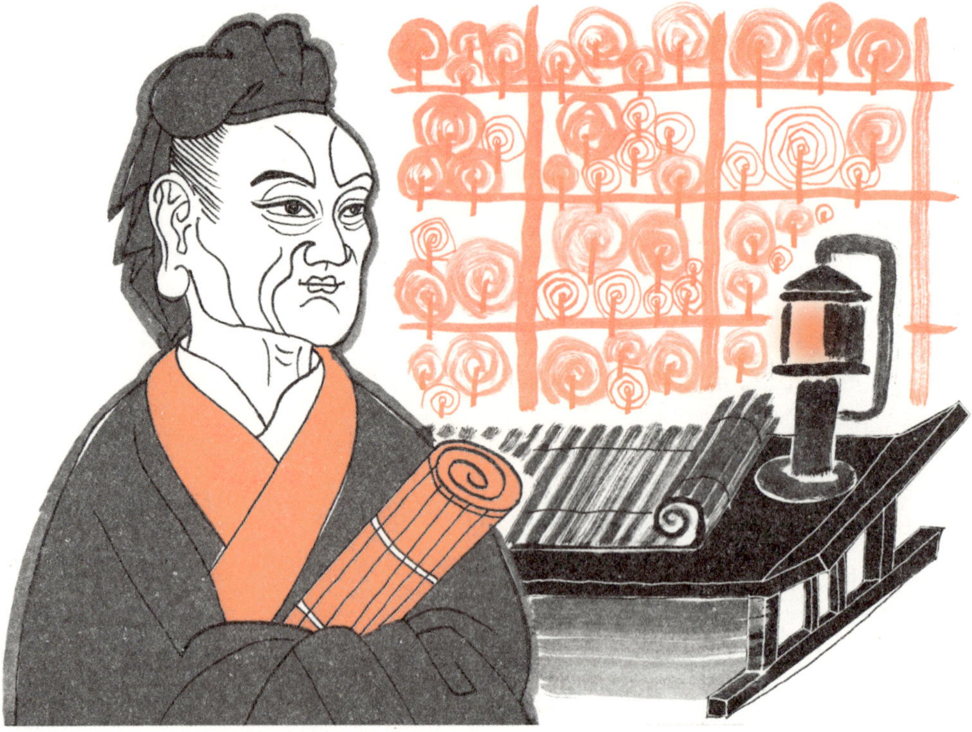

第四章 传统的经济文化及其影响

作，社会就像水往低处流一样自然地运转，日夜无休。"人各任其能，竭其力，以得所欲。故物贱之征贵，贵之征贱。各劝其业，乐其事，若水之趋下，日夜无休时。"他在这里描绘出商品价格机制这只无形的手在调节着社会的运行、资源的合理配置。他的这种思想与亚当·斯密的自由商品经济思想——依靠价格杠杆调整社会经济与资源的合理配置几乎是相同的，却比后者早了1800多年。

第三，他主张自由经济、商品经济，反对国家强行干预社会经济。

他认为，对待商品经济最好的政策就是任由它按照自己的规律发展，"善者因之，其次利道之，其次教诲之，其次整齐之，最下者与之争"；因势利道（导）在其次；硬要教训人家按你的意思办，是不好的；整齐划一，按照你的意思不准办这办那，更不行；最下策就是与民间经济争个高下，以国家力量排挤商品经济。这分明是对汉武帝统治经济政策的严厉批评。

第四，他继承了儒家积极入世的思想。

行走纸上长城

　　司马迁主张所有的人都应当"劝业乐事"，提倡敬业精神；他主张经济、商业应当有道德价值标准，利与欲必须在尽其能、竭其力的前提下获得，以使社会秩序自然地运转。

　　司马迁无疑是将中国传统哲学贯彻于商品经济之中的自由经济学家。他的思想对后世有极大的影响。从明代中叶至清代中叶，农产品开始有了大规模的商品性种植，繁荣的手工业、商业城市遍布全国。于是出现了以儒学思想为价值标准的两大商业集团——徽商与晋商。同时出现了对一些行业的初级形式的垄断，如米、布、茶、染料等。与此相适应，中国有了一套行之有效的商业契约制度以及习惯法律体系。这说明中国古代商品经济正逐步演化为近代的商业经济，真正近代意义的经济大门，已距中国不远。中国文化中对商品经济的看法也开始发生变化。司马迁所提倡的儒学精神愈来愈明显地成为从商之道。

　　明代的大儒学家王阳明认为"士农工商"中的"士"可以把其他行业的人看作同道，这就是说，四民之末的商

第四章　传统的经济文化及其影响

人也可以把士引为同道。这种"异业而道"的思想，从社会伦理学的角度提高了商人的地位。

清代的张謇，原是位大儒，一心求取功名，41岁才中状元。不料，此后他却选择了"实业救国"回乡创办大生纱厂，历经磨难终于建成当时第一大企业集团。他又办教育，从师范到大、中、小学，还创办戏剧学校、盲哑学校、幼稚园等。

张謇由儒士而变为实业家是儒家入世思想所使然。儒家理想之国不在天国、彼岸，而在此生此世此地，只要努力奋斗，"修身、齐家、治国、平天下"，"大道之行，天下为公"的社会理想就可以实现。所以，张謇把救国的理想与积极奋进的儒家精神融于一体，"实业救国"，从而超越了单纯的利，将求富变成求仁求道，与救国救民时代要求的结合。张謇是儒商的榜样，一批又一批企业家起而效仿，包括大批海外华人实业家一面不忘"君子喻于义，小人喻于利"，一面艰苦创业，广开财源却又律己甚严，生活俭朴，将自己所得奉献社会。这正是因为他们将自己求

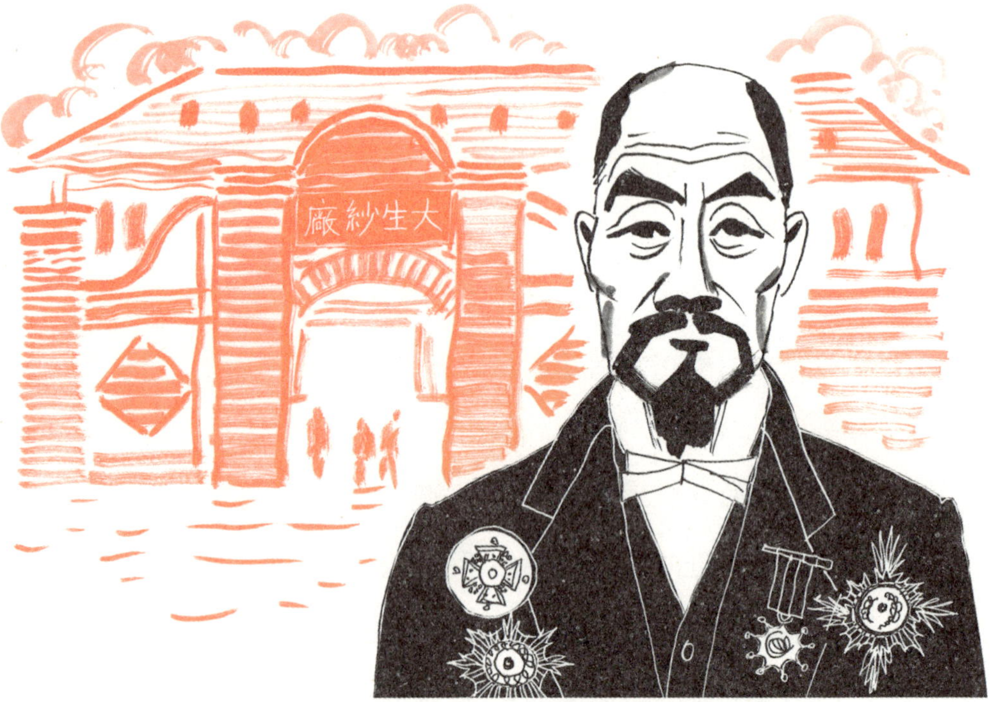
大生紗廠

第四章 传统的经济文化及其影响

利求官的动机变为儒家之"义",是为实现"仁"与"道"而躬行实践。由此,在伦理道德观上做到了统一,取得了心理上的平衡。他们坚持这种精神,使自己的商业行为具有更高的价值观,成为富国利民强兵之道。

"商亦有道",道在取其利为义,贡献社会国家。这种中国传统的儒商精神实在应为今日中国一切企业家所牢记、所继承、所发扬。

三　中国经济文化的影响

　　司马迁的以价格机制作为调节社会活动和资源合理分配的观点；他的放手让商品经济按照自身的规律发展国家不要强行干预的观点；他的从儒家学说中撷取精华贯彻于经济活动之中的理念，无疑都给了我们今天的市场经济机制以启发。这种启发或许不是直接的，但中国传统文化的理念深深地印在每个中国人心中。正因为中国优秀传统文化铸造了民族的灵魂，中国的改革开放政策，建立社会主义市场经济体制的实践，才获得广大群众的支持。这些改革不仅符合时代的要求，也合于中国优秀传统中经济文化的本质。

第四章　传统的经济文化及其影响

当然，自由商品经济也有极大的缺陷，那只"看不见的手"常常制造规律性的经济危机，扩大贫富分化，增加社会动荡的潜因。怎样用"看得见的手"同"看不见的手"相协调，是每一个现代国家的政府必须考虑的大问题。特别是选择了社会主义市场经济体制的现代中国，在高速发展的过程中，更要审慎地对待这个问题。

中国儒商传统中敬业与求仁求道重义的精神，给予今天及世界的影响深刻而悠久。建筑在实事求是基础上的有中国特色的社会主义市场经济已经在中国大地上站稳了脚跟。面对1997年铺天盖地而来的亚洲金融风暴，中国在咬紧牙关克服困难的同时，又坚持为亚洲和世界金融的稳定做出自己的贡献，承诺人民币不贬值。这一方面是国际主义时代精神的体现，另一方面也是中华民族优秀传统文化中大义、大仁精神的继承和发扬。

一批日本、新加坡、韩国企业家贯彻儒家的精神取得成功。

儒家文化重理性，特别是重视实质理性，即合理的理

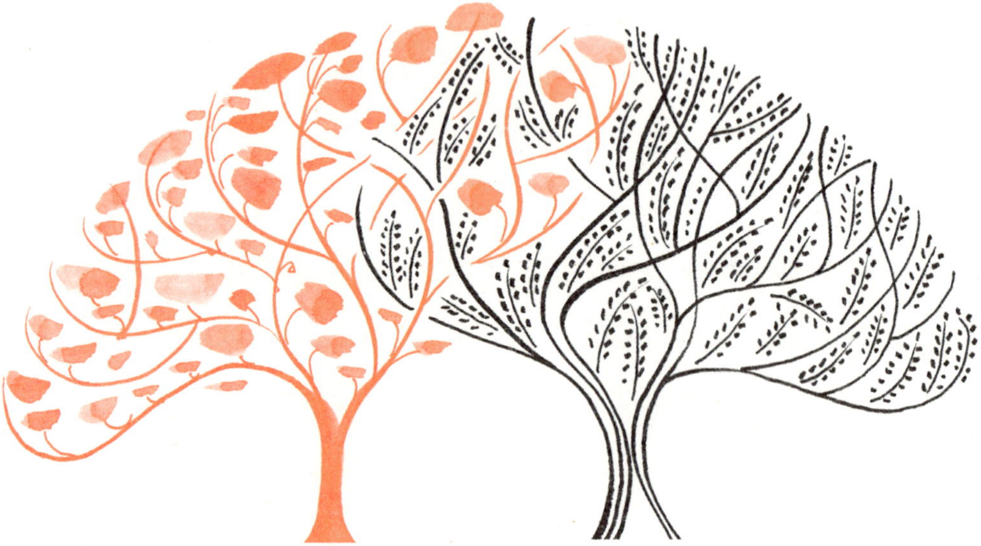

第四章 传统的经济文化及其影响

性。这为现代企业管理提供了精神原则。比如：日本一些企业强调敬业精神，并且把劳动态度与成绩量化，便于管理；同时，实行企业家庭化，职工终身雇佣制等，强调家庭对社会的重要作用，要求每个职工都像家庭成员一样相亲相敬相睦相信，彼此忠诚。这种价值观念是典型的儒家伦理观，对日本的经济发展具有一定的助力。

日本经济的腾飞，使得一向以个人自由为价值观念的美国也开始研究甚至引入这种儒家模式。

儒家文化中的精髓竟演变为现代企业精神，这不能不说是一种历史的赐予。

时代在不断发展，儒家文化是否能长期地予人以滋养，还要看它本身是否能在保持基本观念的同时，又根据时代的变迁增减损益。一个不断发展的文化才是真正合理的文化。

后记

《中国读本》自出版以来收获了许多褒奖，发行数量也在继续上升。在各种读物的滚滚波涛中，能浮在水面上，不致淹死，我知道，这是读者的功劳。倘或没有读者的青睐，这本非小说读物不可能有如此的成绩。现在全世界听见了中国日益响亮的前进的脚步声，了解中国的欲望也一天天地强烈，这就使得这本书获得了更多国家更多读者的认知。坦率地说，这使我在高兴的同时，又有了不安和忐忑：我必须根据不断变化的实情，修改和增删本书的内容，包括资料的变化或者考古学的新发现，都必须跟得上现实的发展，而这种发展简直是瞬息万变。思维、观念尽管常常落后于客观世界的嬗变,但更新也在日月之间。例如,如今时髦的媒体正争先恐后地使用"网络语言"。当然,本书不可能挺立潮头,做这种短命语言的"弄潮儿",在学术上也不会追赶各种观点。但是在各种浮丽的观点中站稳脚跟,既要反映学术最新的进展,又要直陈真理,的确是我的追求,也是我的才力所不逮。我有时瞎想,我这后半生大约都得交代给这本书,时时变化的现实的鞭子会不断地抽打我的灵魂,只要我还想"与时俱进"不欺骗读者,我就得修改本书,直至我与书共亡。或者会想出个办法,例如在书后附加更正细目。不过一想这更正有一天会长达数页,不用说读者,我这作者就先气短。要是更正长过本书,那就是犯罪了。倘或,隔几天就出一本祖国发展新资料及最新学说的册子,这本书也就寿终正寝了。这也算是发展中的"苦恼"吧。

　　大自然正在教训人类,我们正在不得不渐渐修正我们对客观世界的认识,连带我们对人类自身及社会发展的认知也在变化之中。2011年,日本大地震、海啸和核泄漏所引起的自然环境的变化,必然会引起思想界和科学界的深长思索和观念变化。其实这些变化无时不在,不过有时不这样剧烈或明显。一个思想家、学者、诗人、艺术家,一个政治家,当然应当时时关注这些变化,不断调节自己的认识。但是这需要高的立足点、深的思索,这不是我的长处。我只是愿意不断学习,求新知,向前进,不愧对读者对我的厚爱。这就是我对这本书持不断修订态度的原因。

苏叔阳